Norbert Prangenberg

Tagundnachtgleiche

Norbert Prangenberg

Tagundnachtgleiche

Zwei Ausstellungen

im

Keramikmuseum Westerwald &
Kunstraum am Limes

in Zusammenarbeit mit dem

Institut für Künstlerische Keramik
und Glas der Hochschule Koblenz

DISTANZ

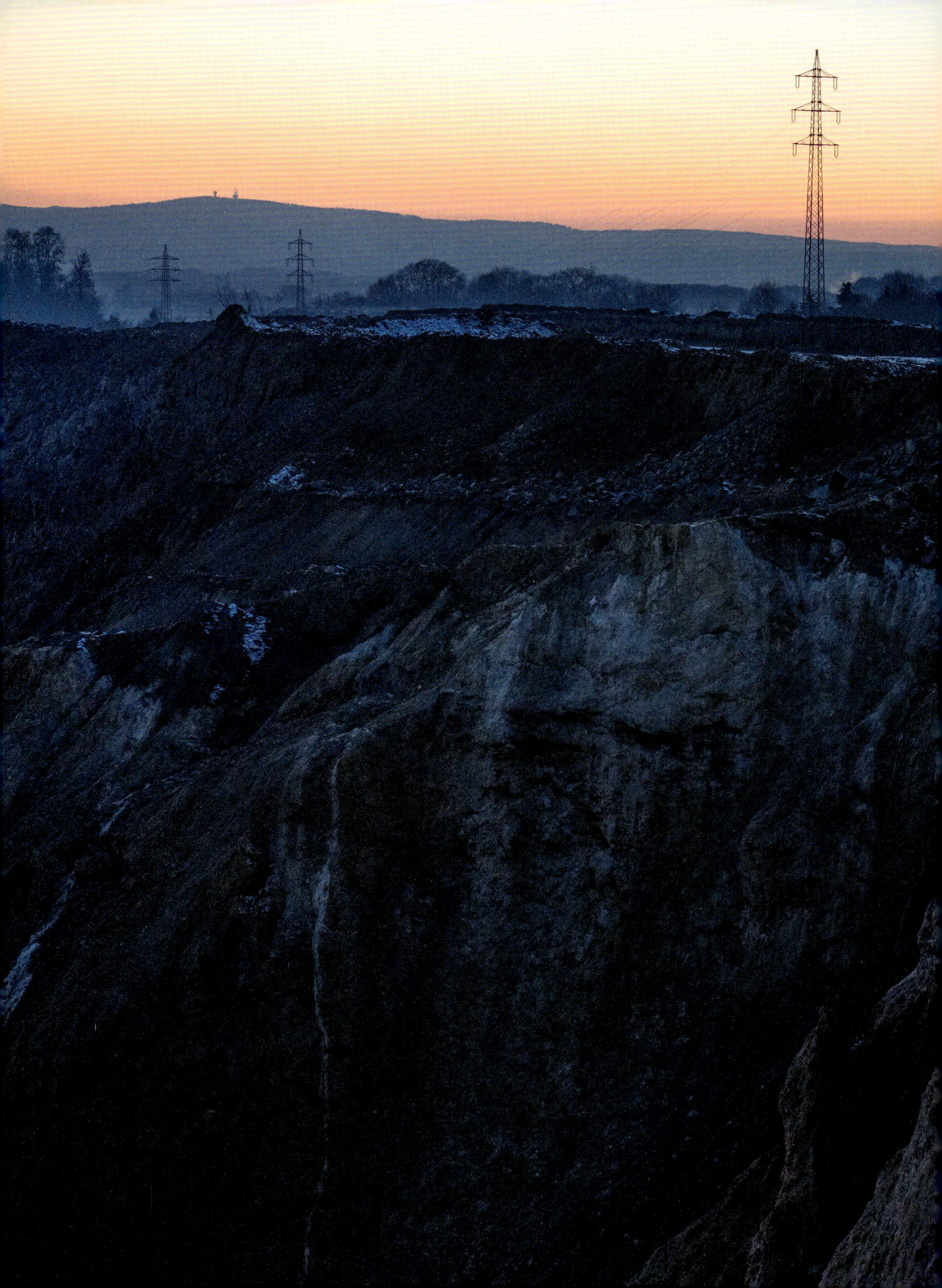

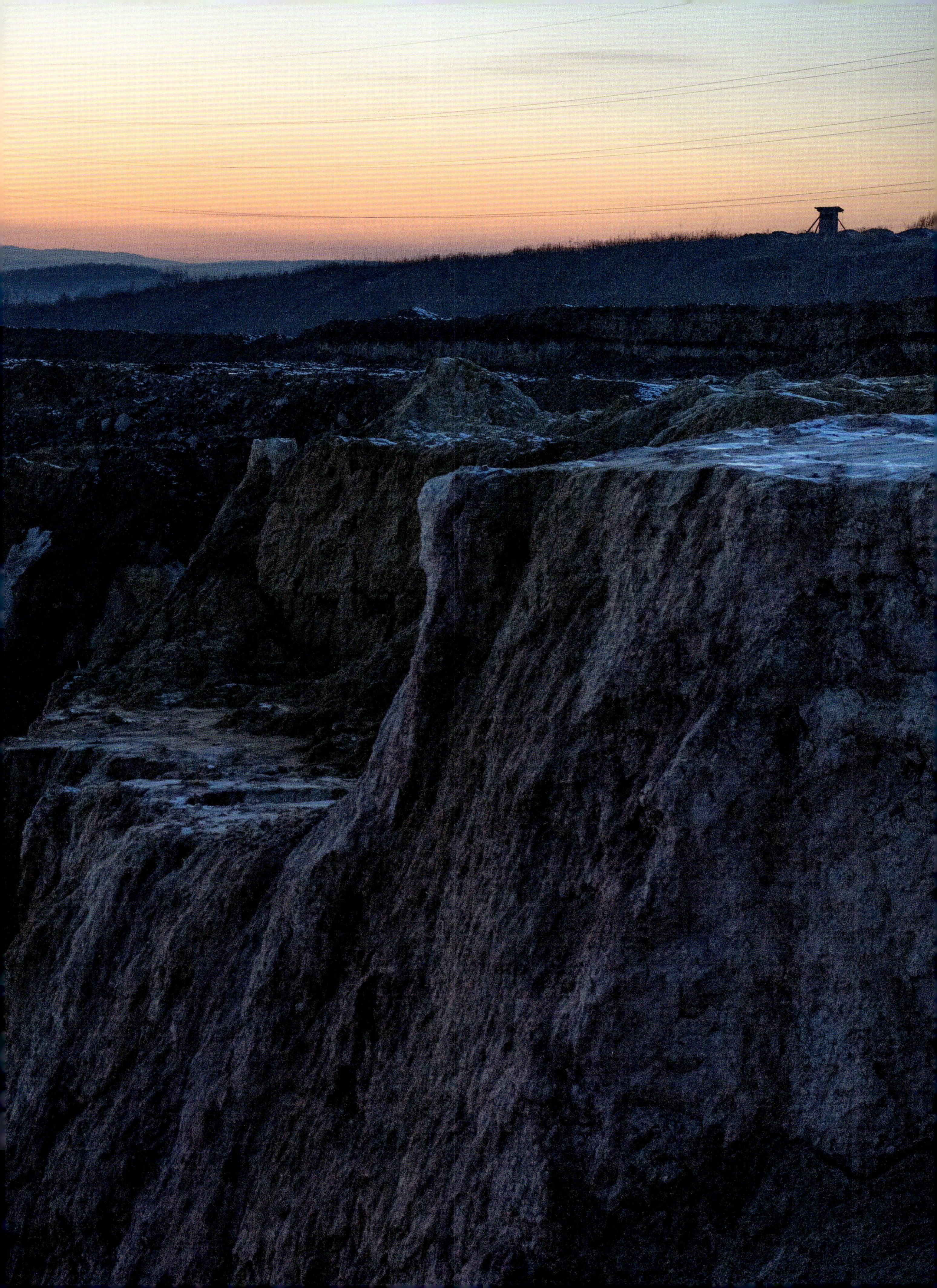

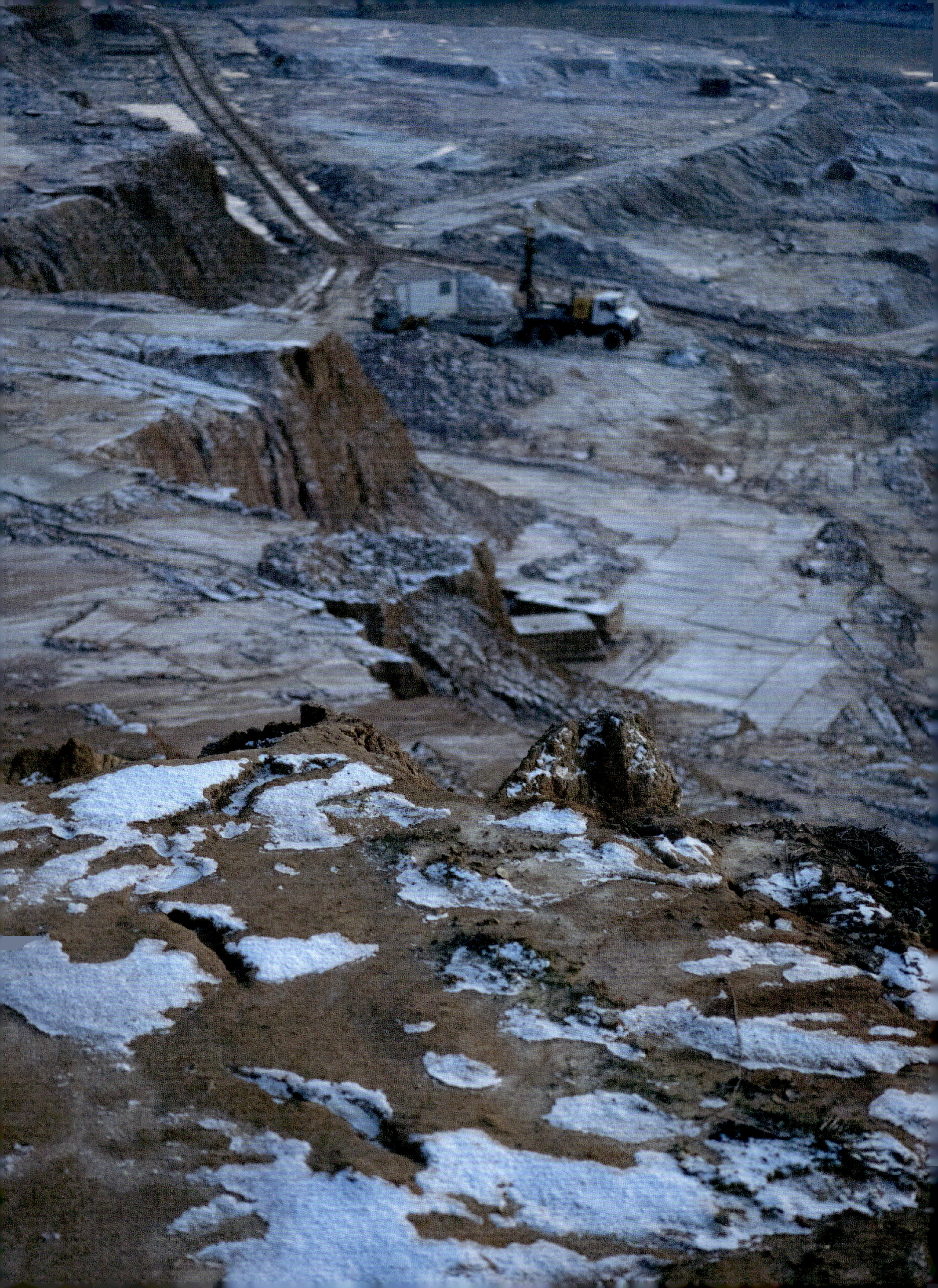

Lieber Norbert,

heute bin ich in die Tongrube gegangen, in Boden im Westerwald, und habe deine Skulptur zurückgebracht. Gerne hätte ich mit dir getauscht, aber die Zeit hat uns ein Schnippchen geschlagen. Also habe ich sie zurückgebracht, wo sie hergekommen ist, bin heimlich in die Grube, ganz nach unten an die tiefste Stelle. Der Ton dort ganz cremig vom vielen Winterregen, zart, rosa bis rostfarben, leuchtend, sehr kräftig und sanft auf der Zunge. Wie ich mich so umsehe und den Blick immer an der Gras- und Baumnarbe entlangschweifen lasse, drehe ich mich, wie deine Figur entstand, die da jetzt im Boden ruht. Ein Ort so außerweltlich, und doch eben genau das Gegenteil. Ich muss über unser letztes Gespräch nachdenken, über unseren Materialgeber Lucio Fontana, wie er wohl durch den Ton gezogen ist, mit Stöcken, Händen und Füßen, und „Il Sole" geformt hat. Das geflügelte Pferd, sich verbrennend an der grauen, tönernen Sonne. Hier in der Grube geht sie gerade unter, die Wintersonne, und macht den Himmel, wie der Boden eben noch war, rosa bis intensiv rötlich. Dann immer intensiver orange-rot, wie wenn man den Brennofen beim Abkühlen öffnet und den Blick hinein wagt. Das Grobe der Baggerkanten, das Sanfte der cremigen Masse, die letzten Strahlen der Sonne und die kühle, blaue Ruhe des Kosmos sind da, und ich schließe sie mit deiner Figur noch tiefer im Boden ein, der vom Nachtfrost zugedeckt wird. Die Kraft ist, wo sie schon immer war. Alles beim Alten, als wäre nichts gewesen als eine kurze, intensive und wunderschöne Winterreise mit dir.

Markus

(Brief von Markus Karstieß an Norbert Prangenberg, Westerwald, 9. Januar 2019)

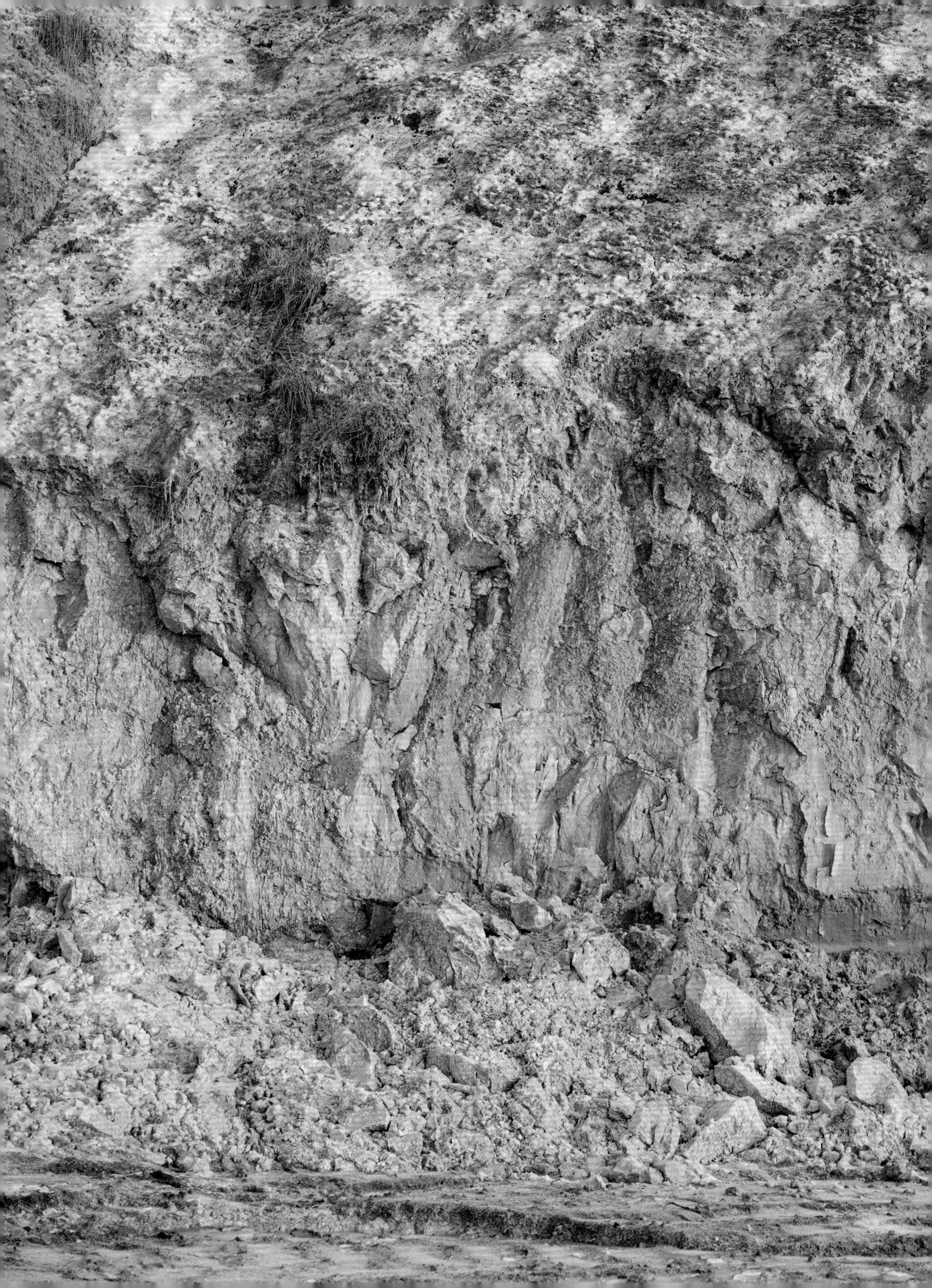

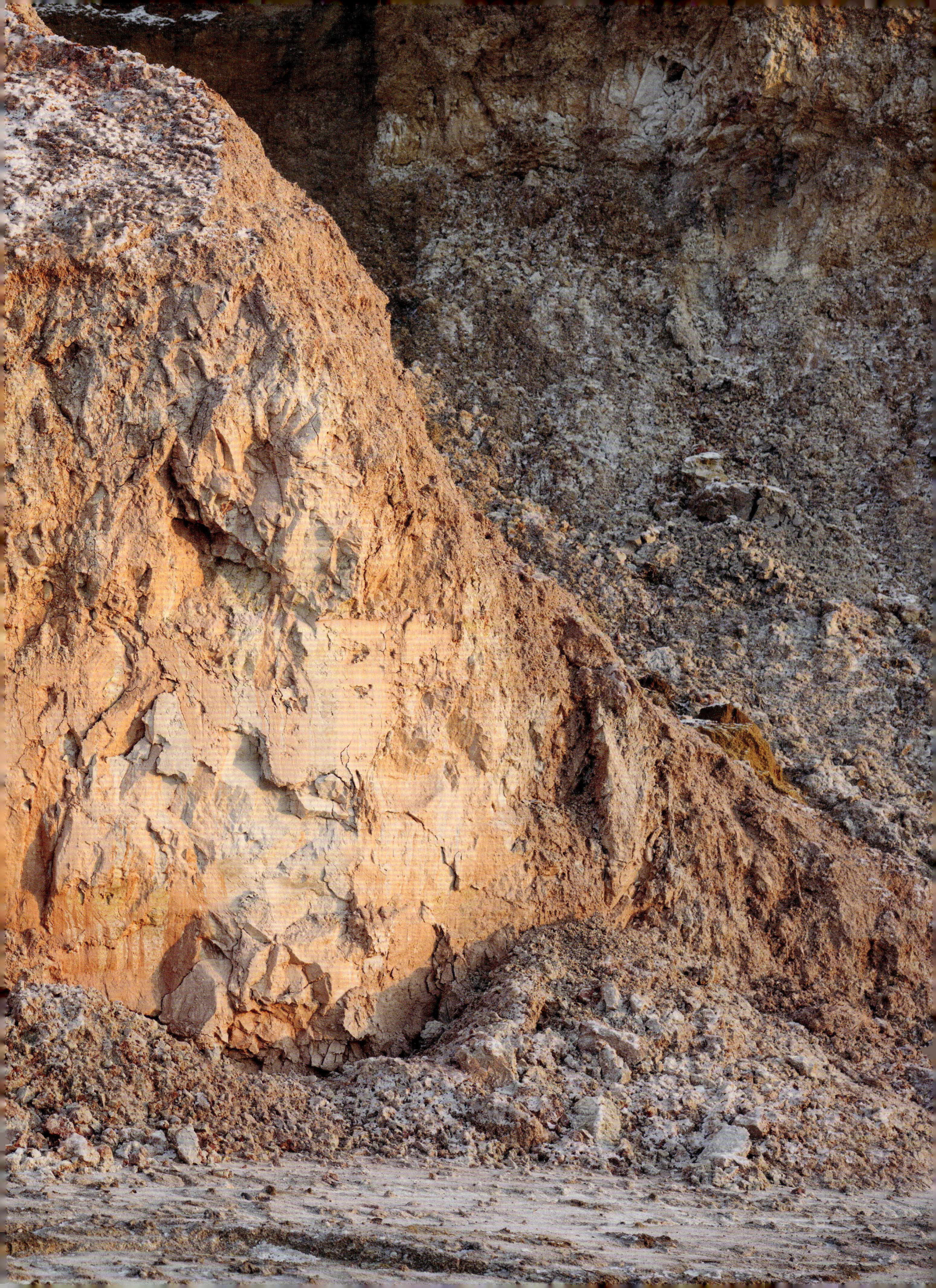

Im
Keramikmuseum Westerwald

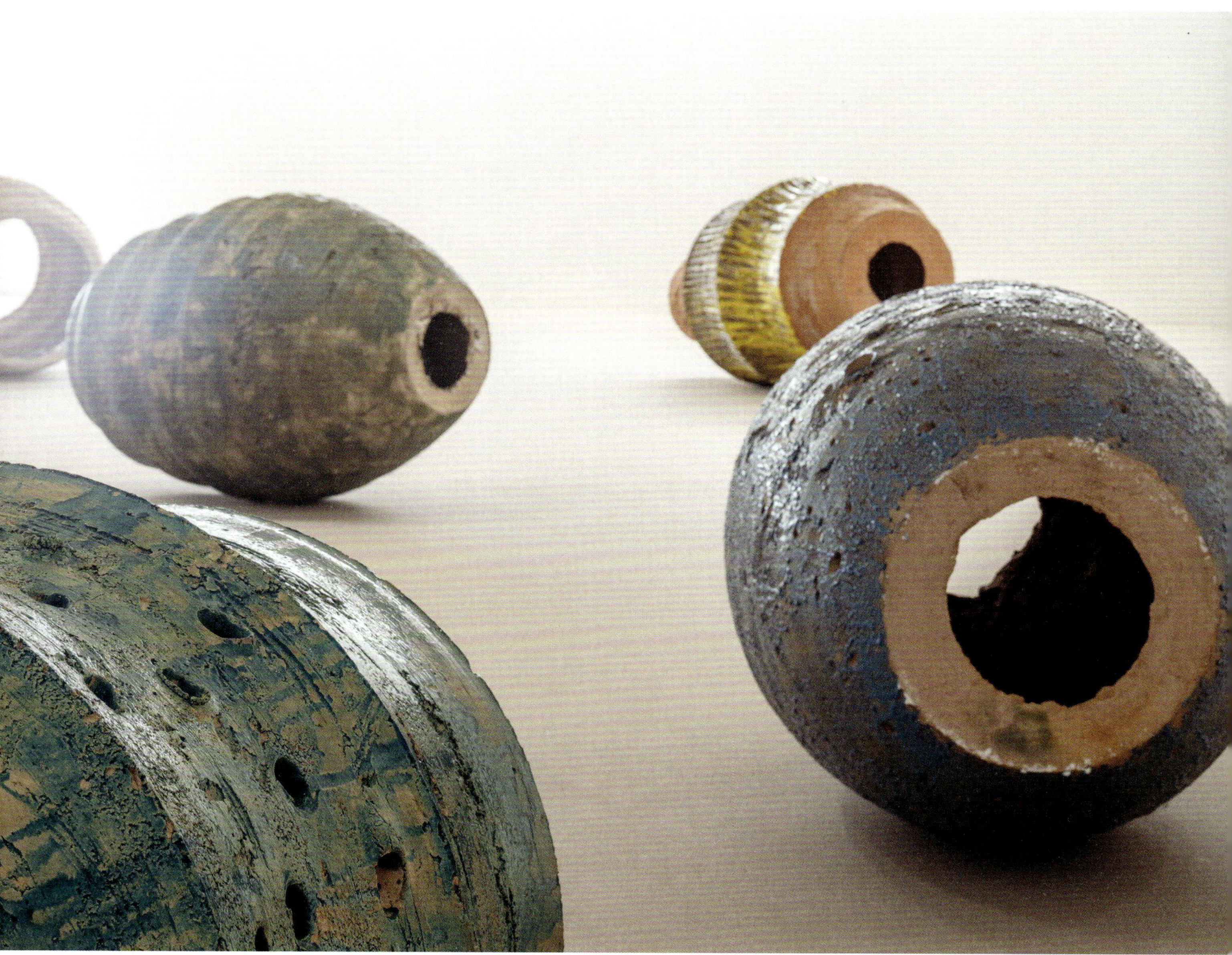

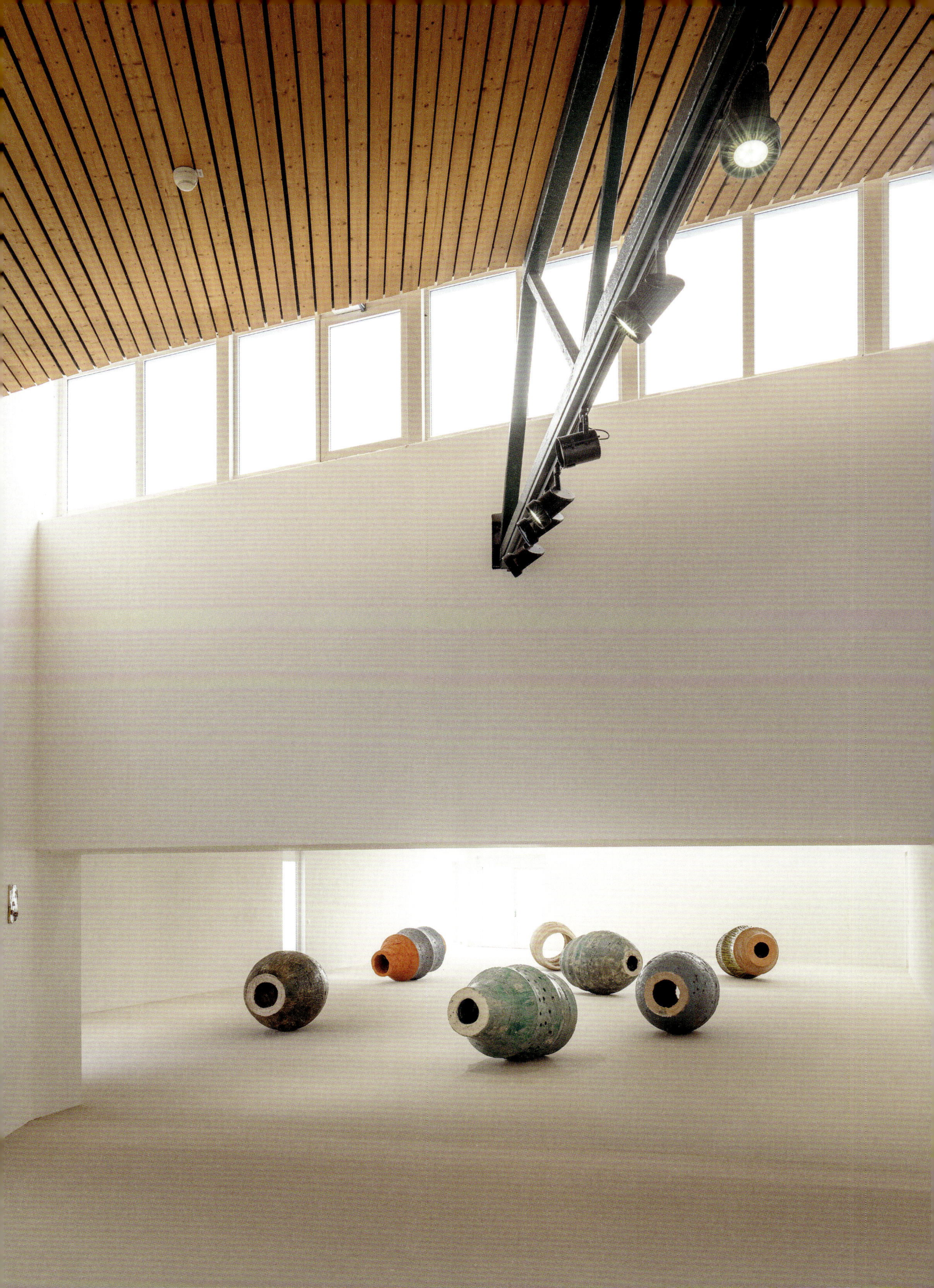

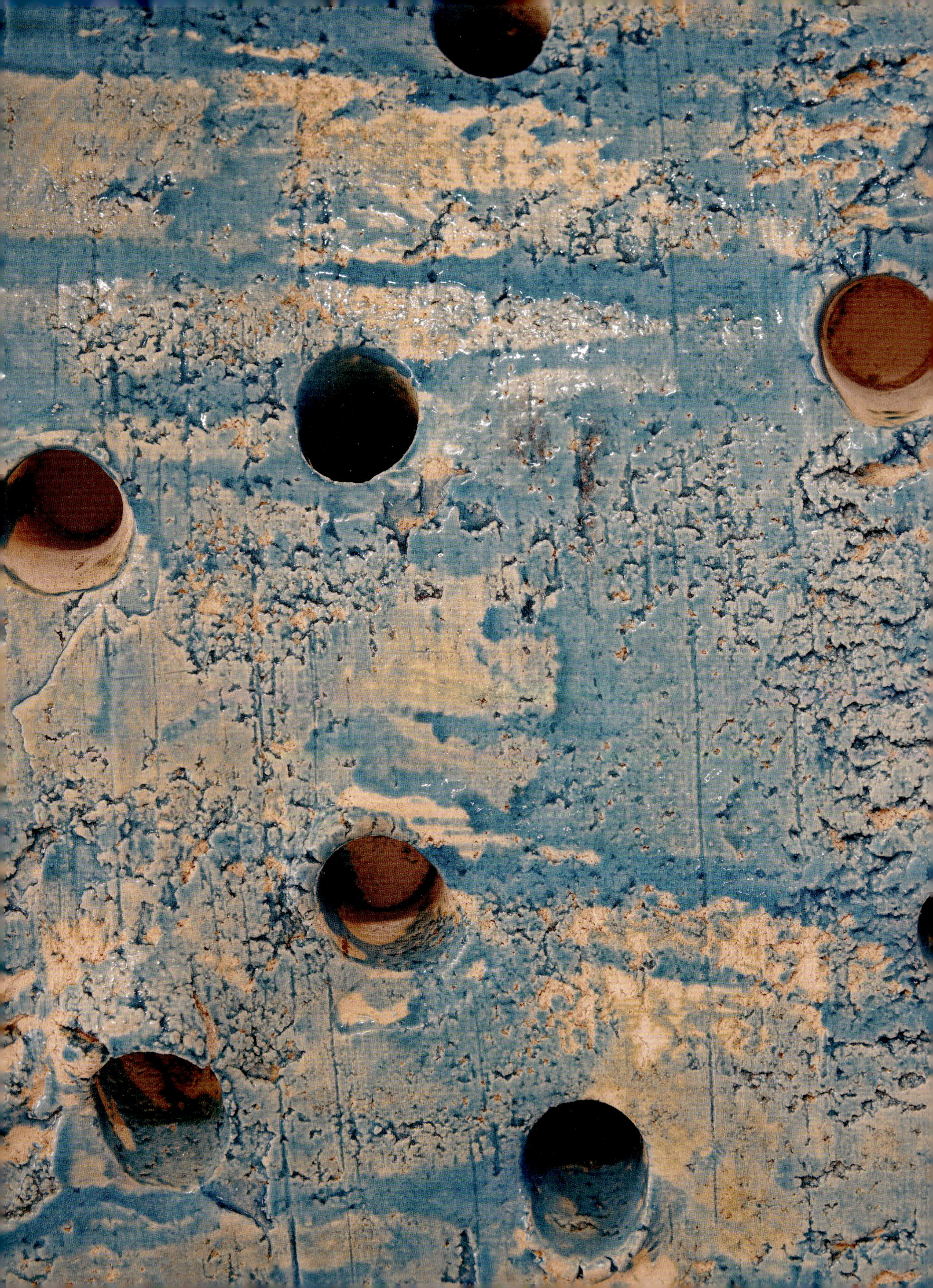

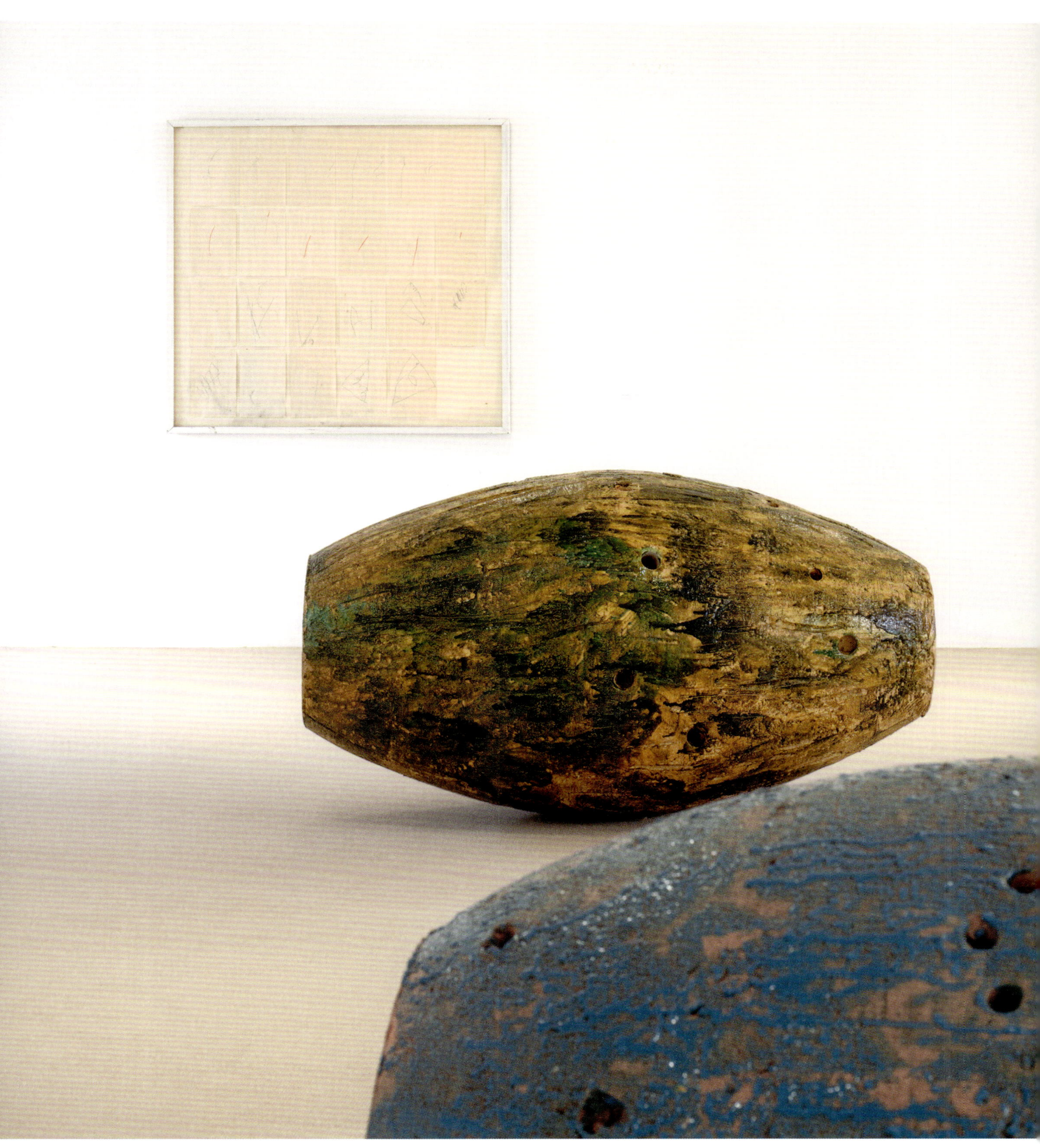

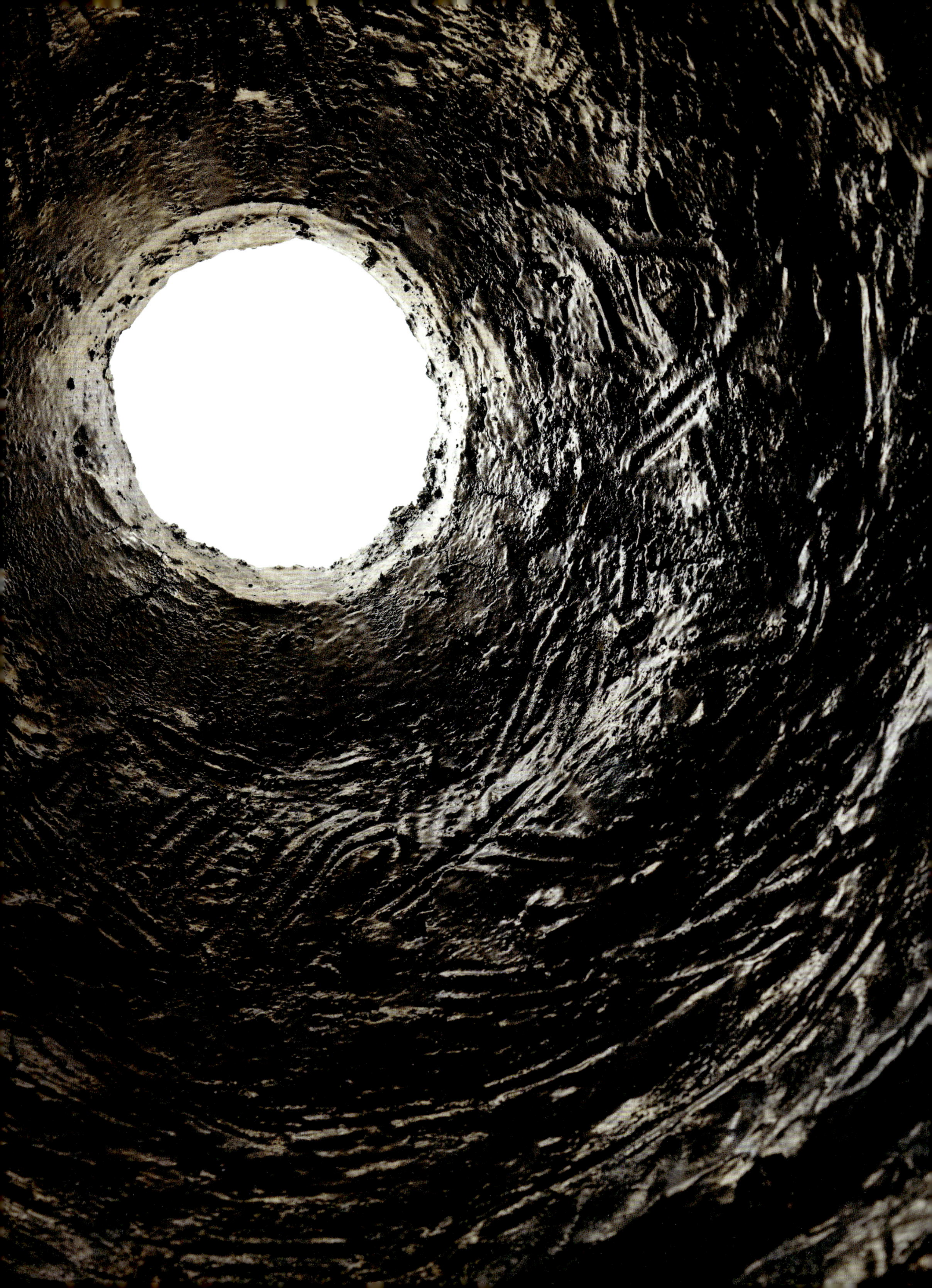

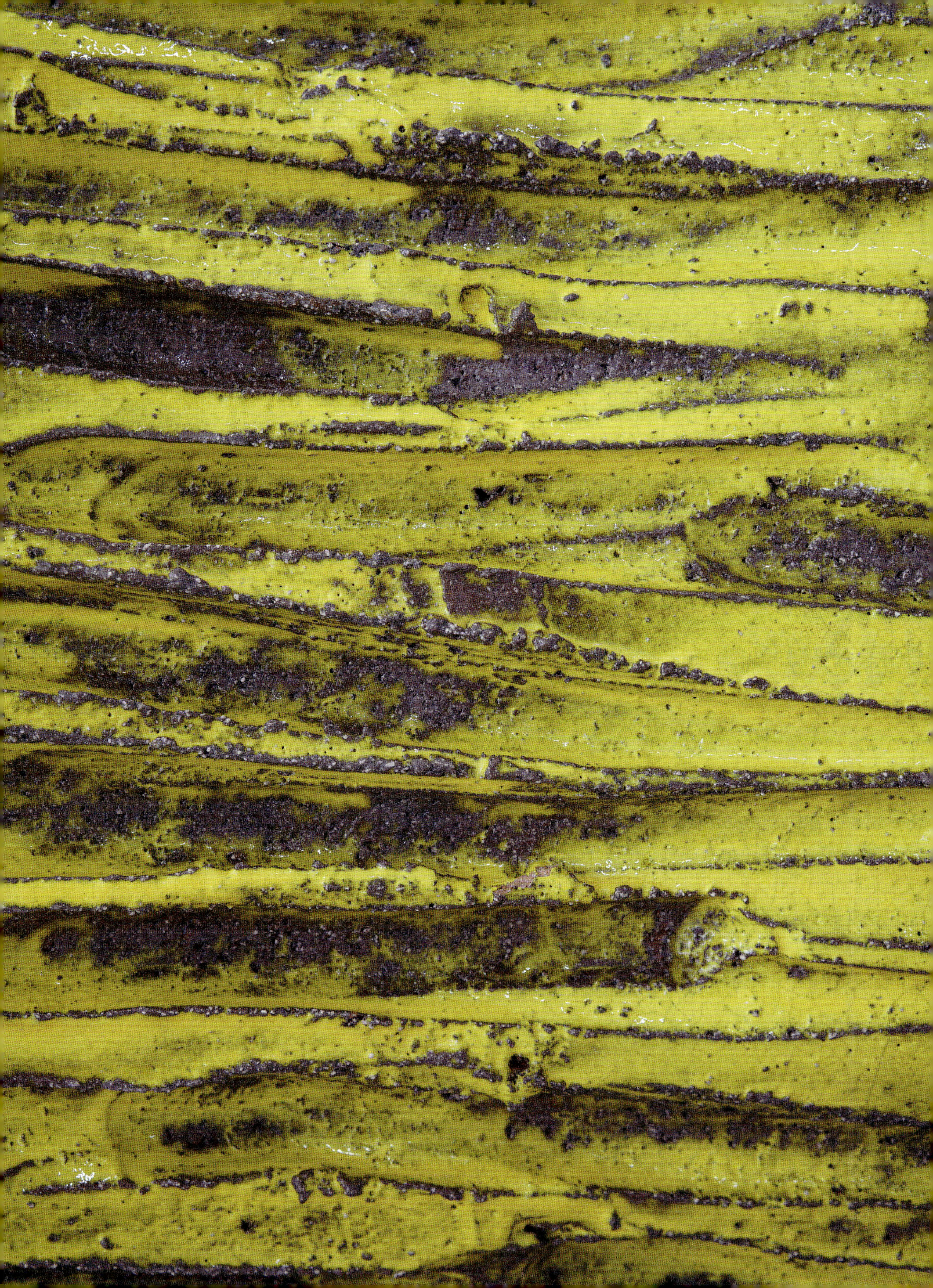

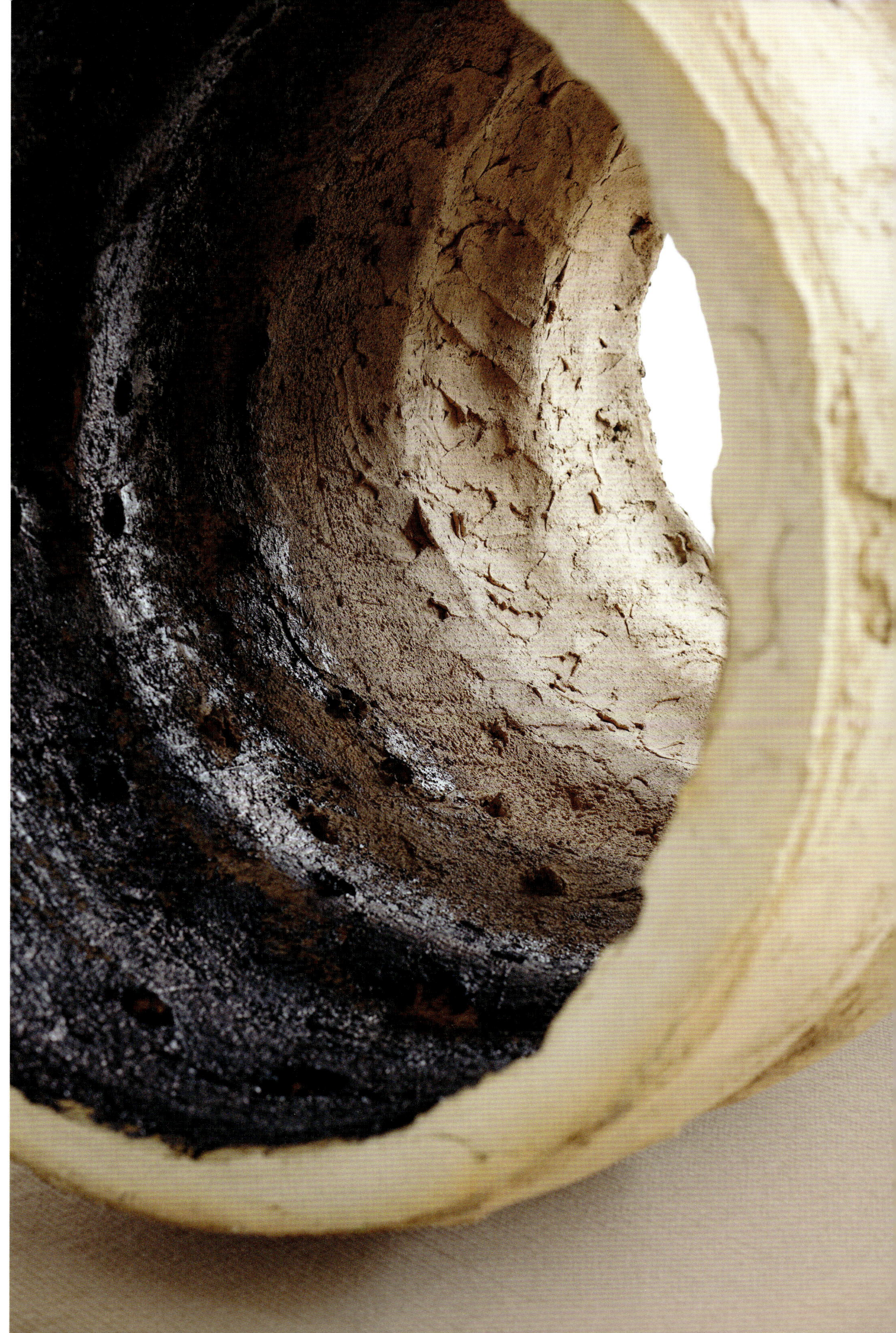

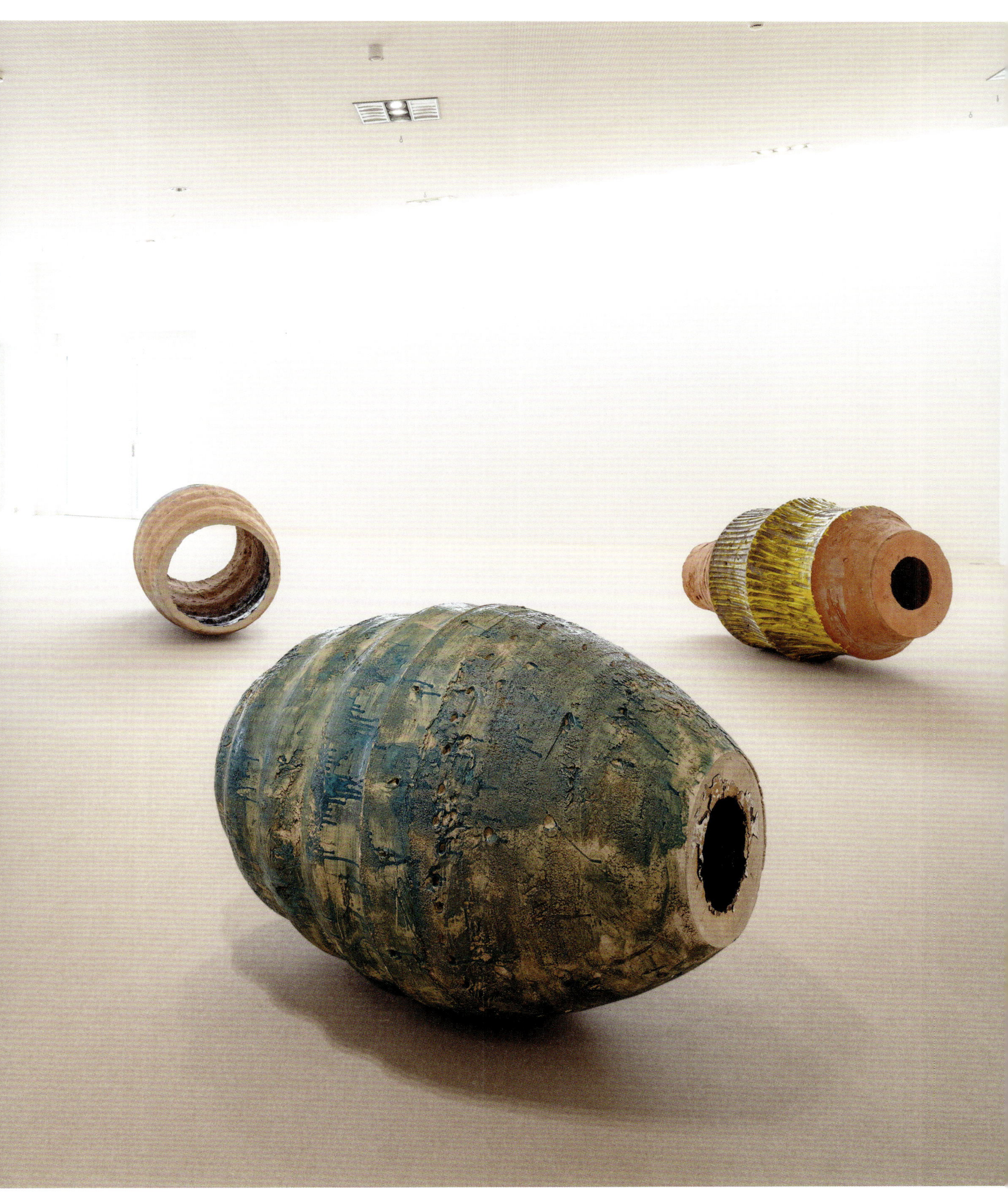

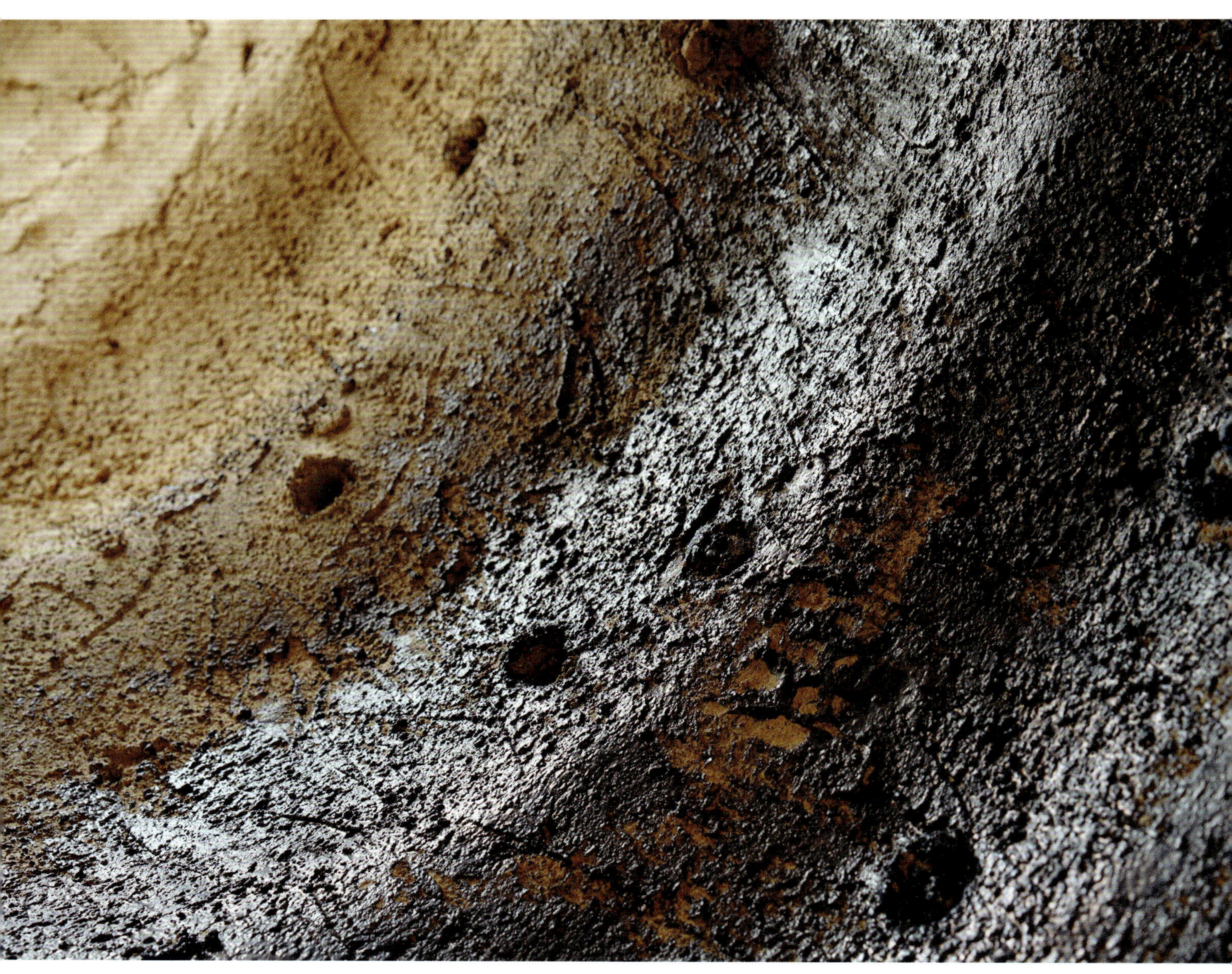

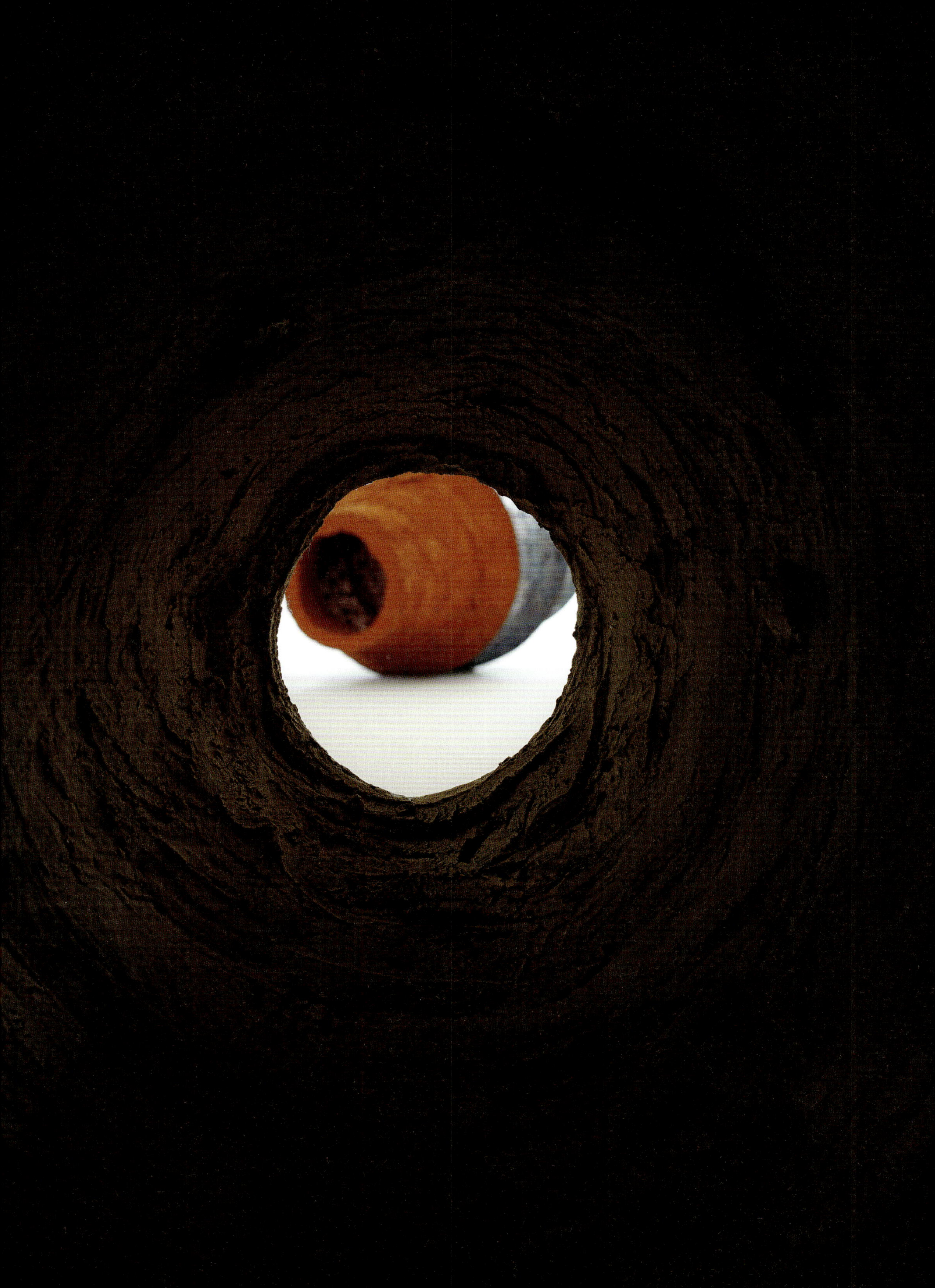

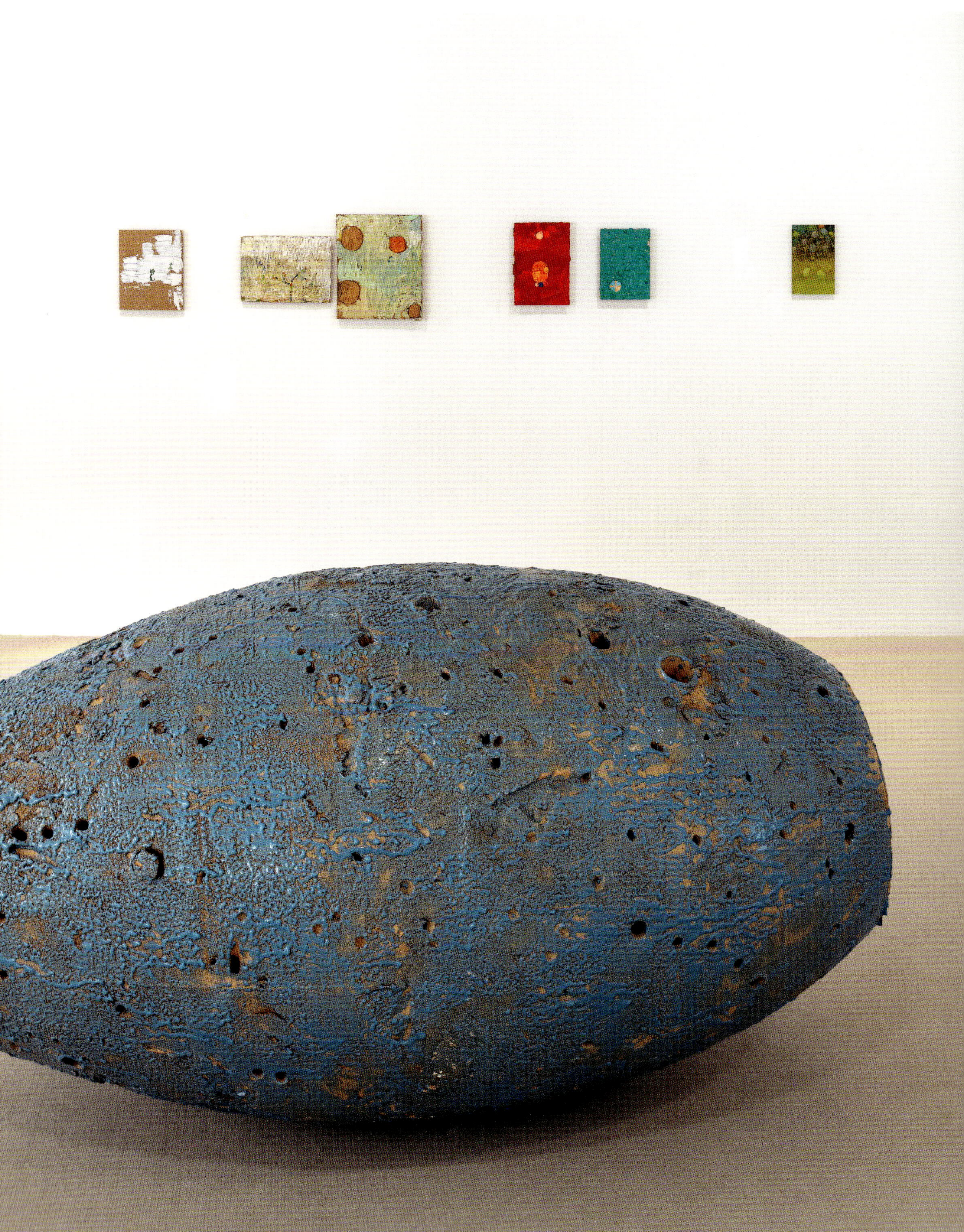

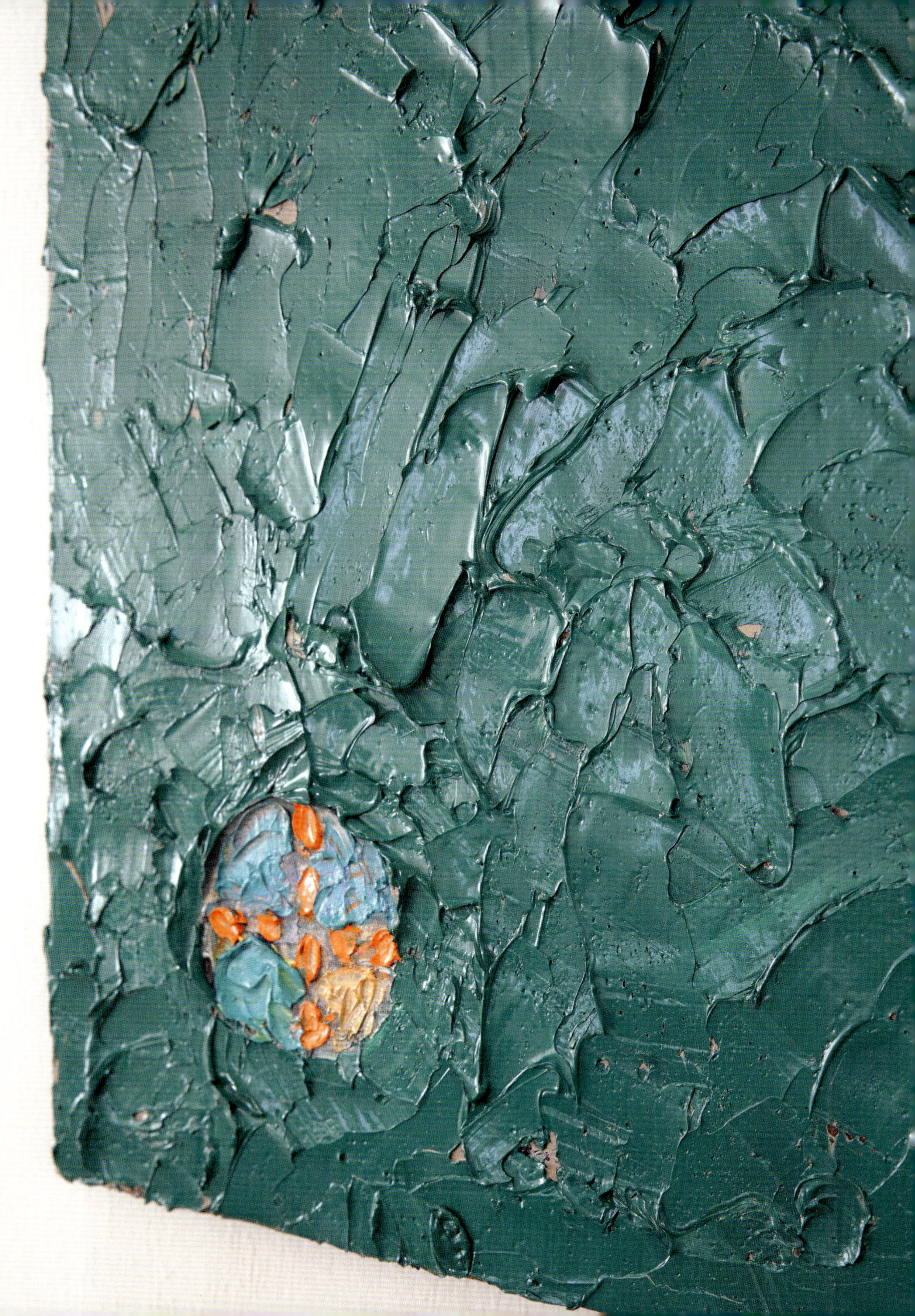

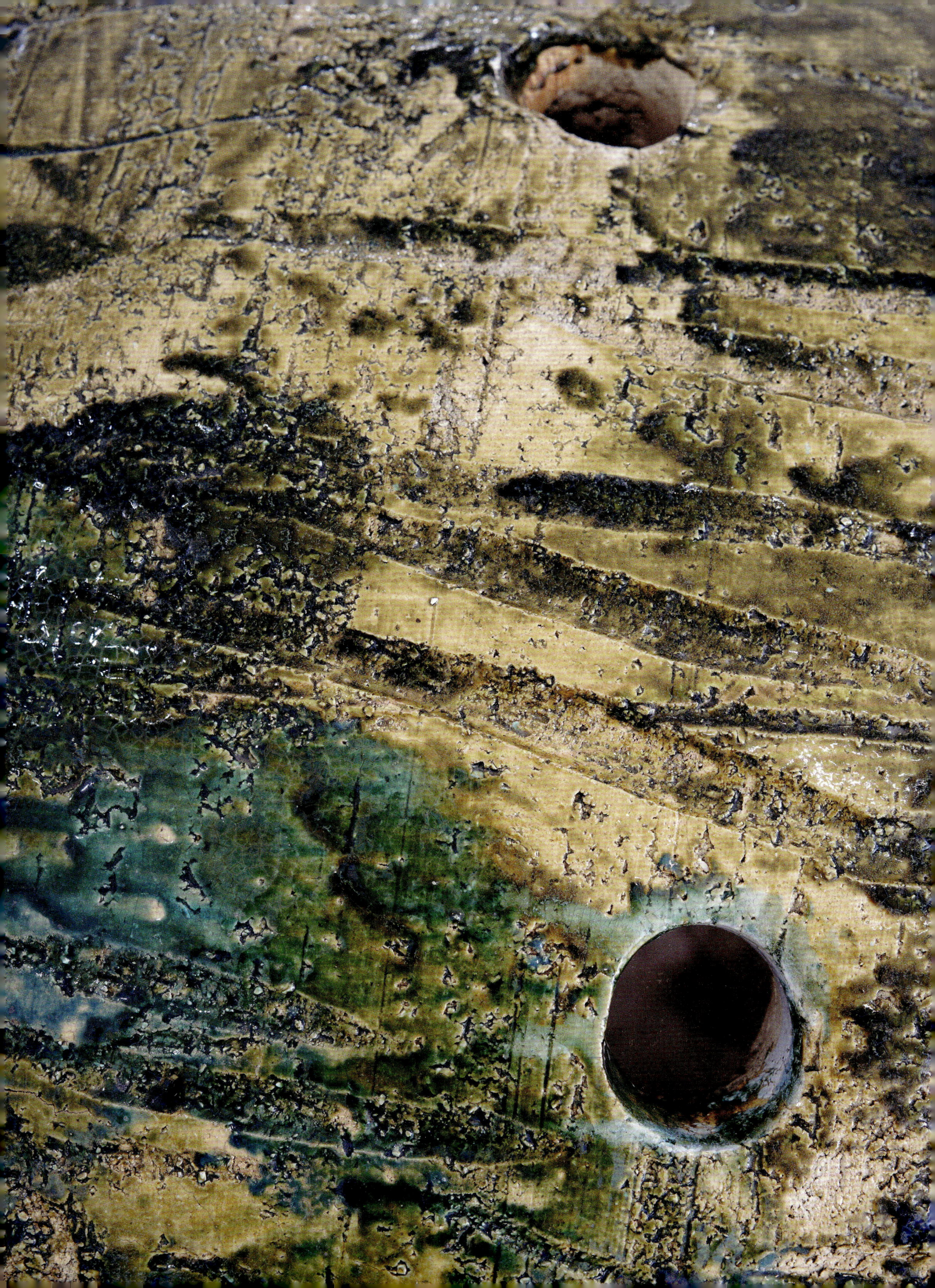

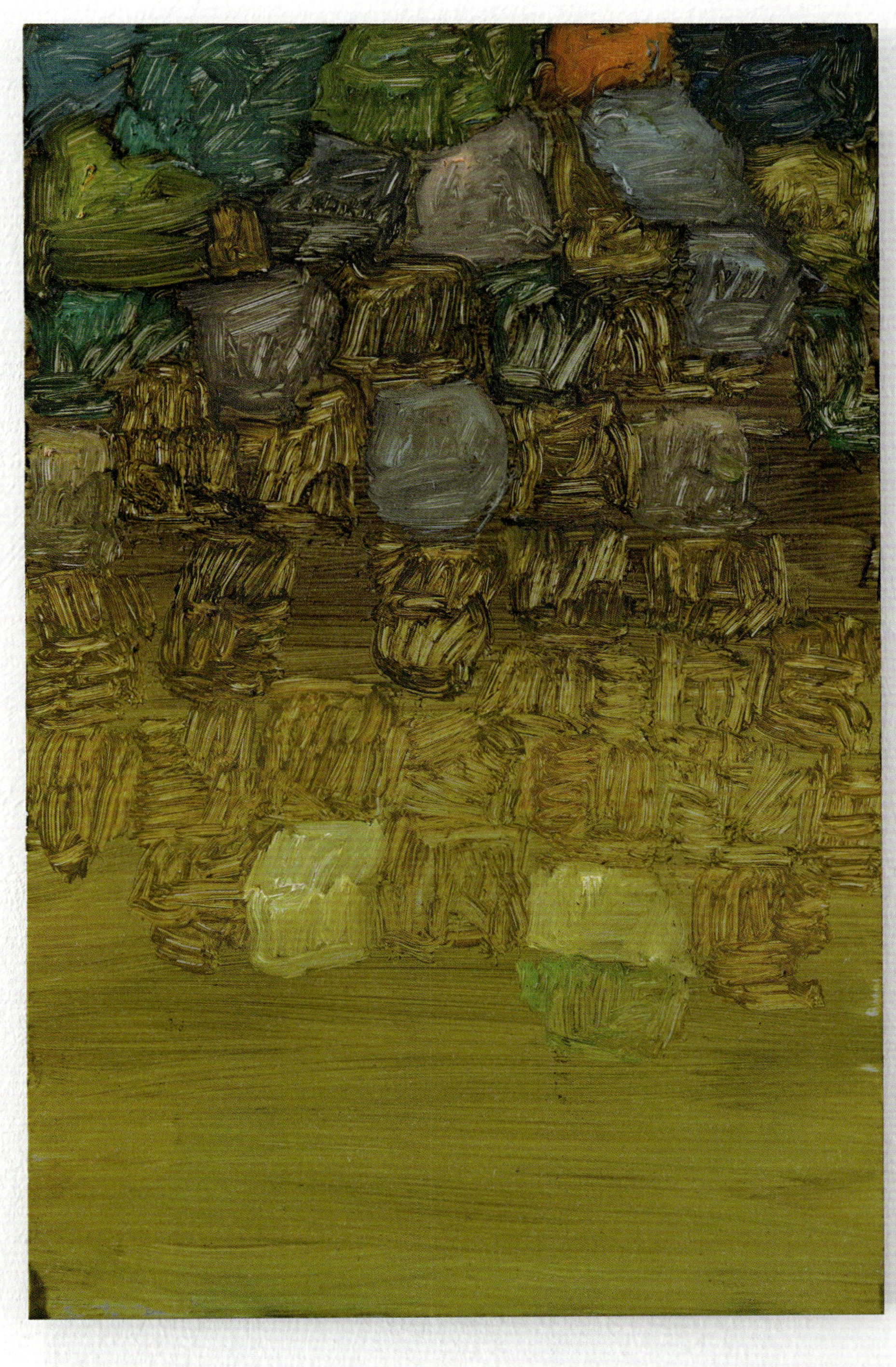

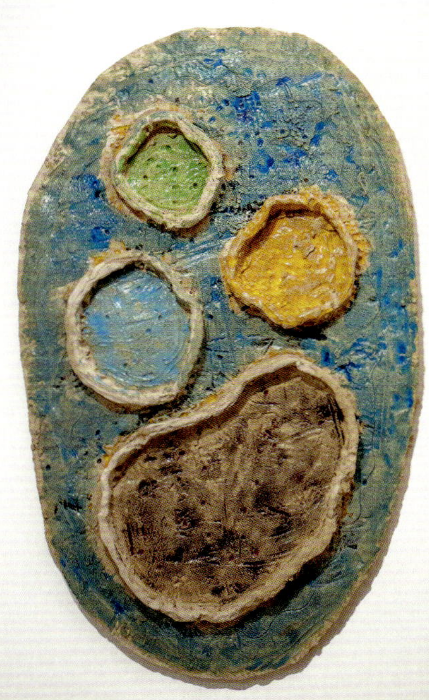

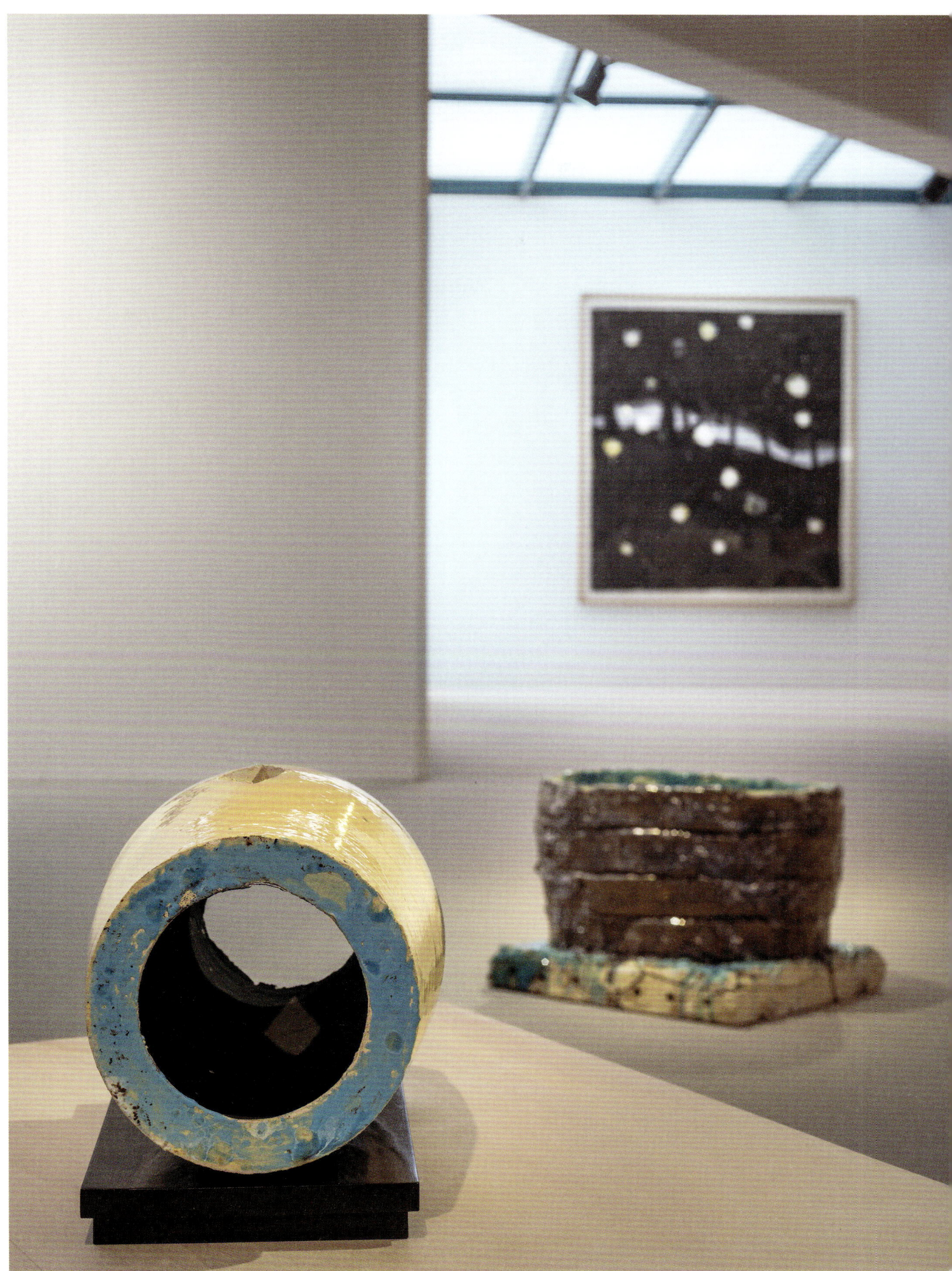

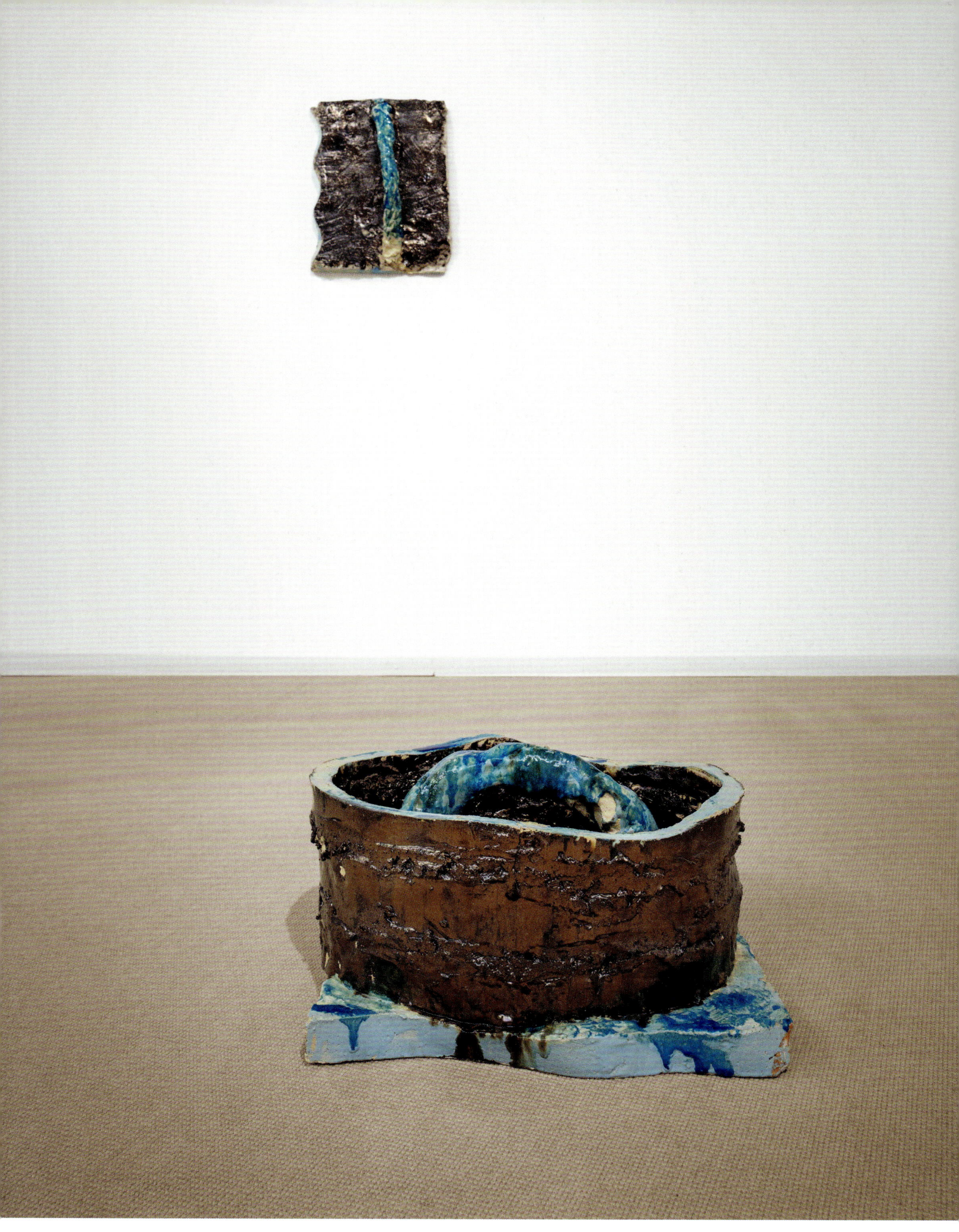

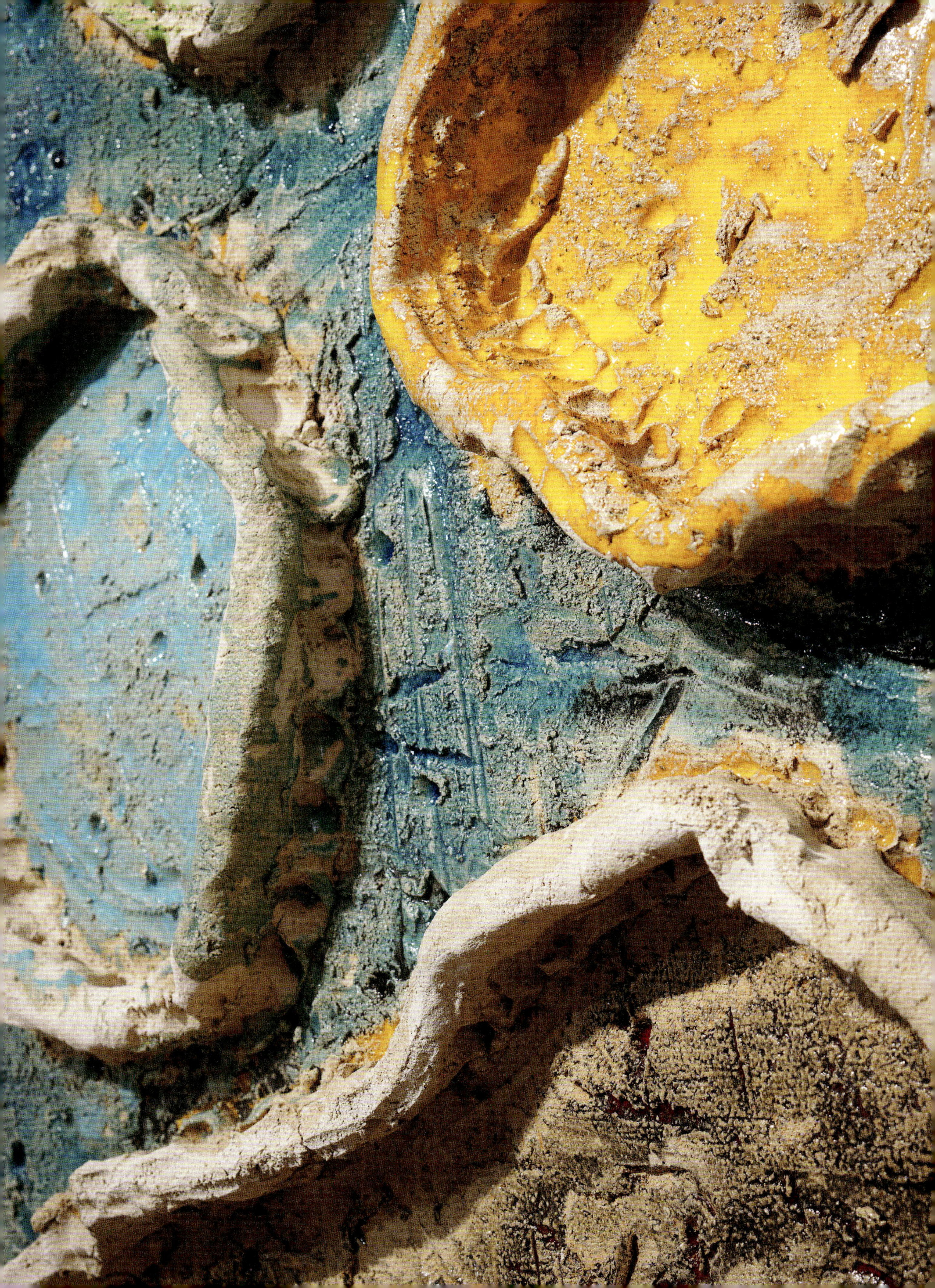

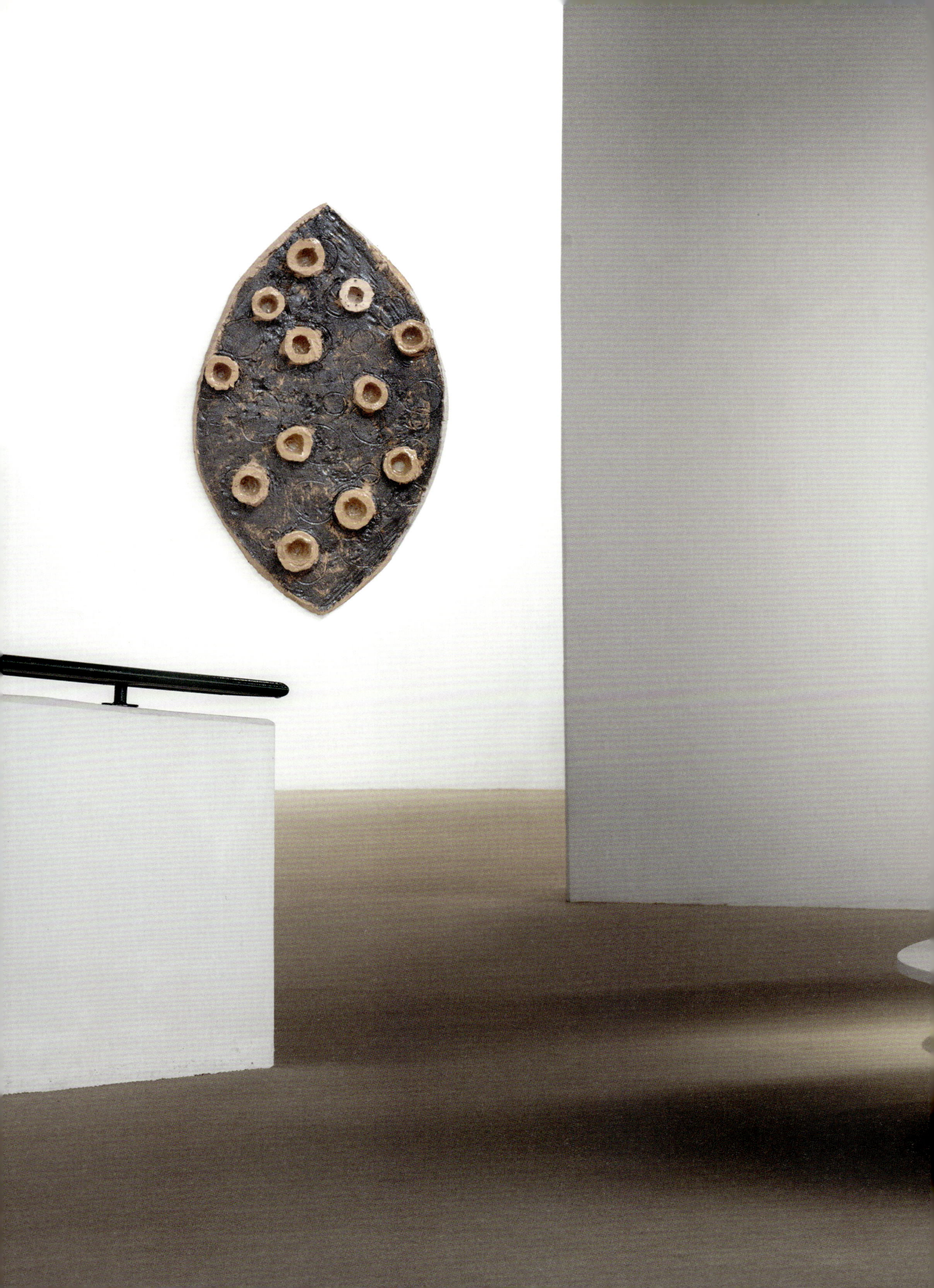

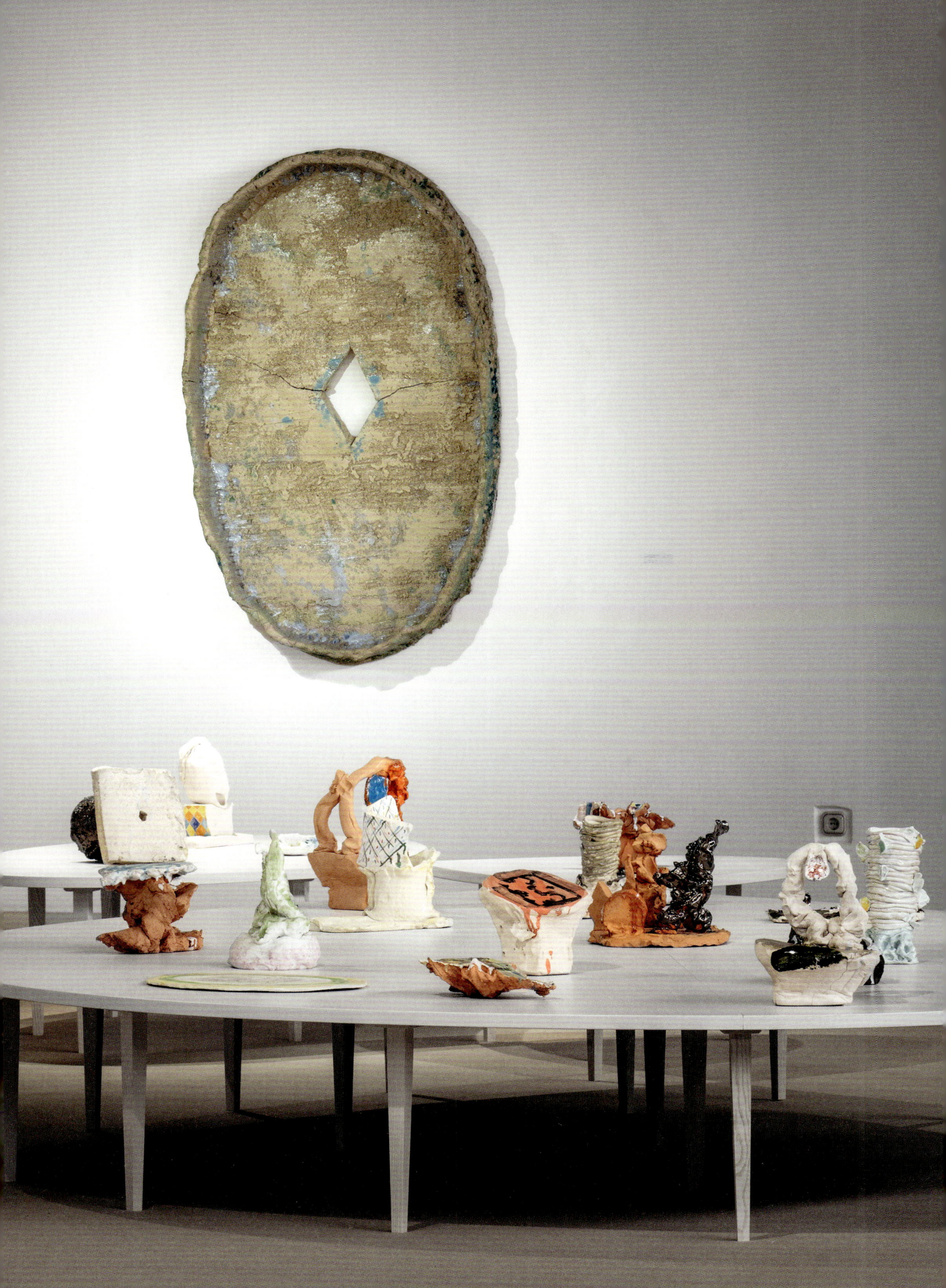

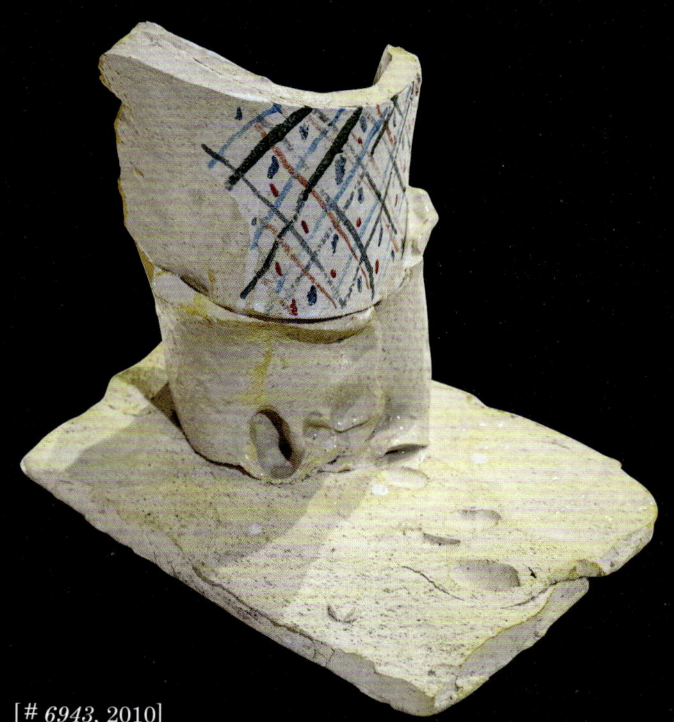

[# *6943*, 2010]

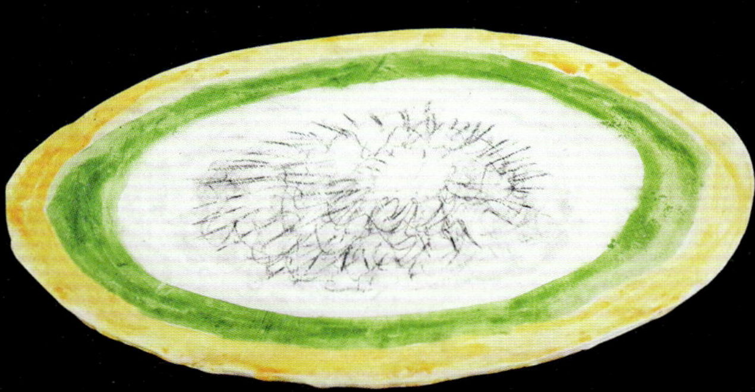

[# *9476*, 1992]

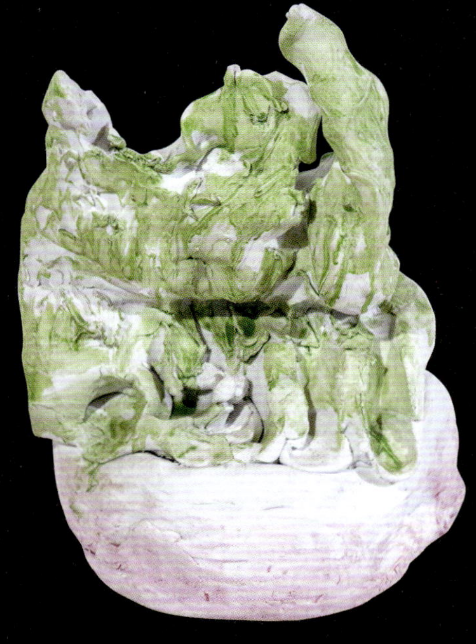

[# *9461*, 1992]

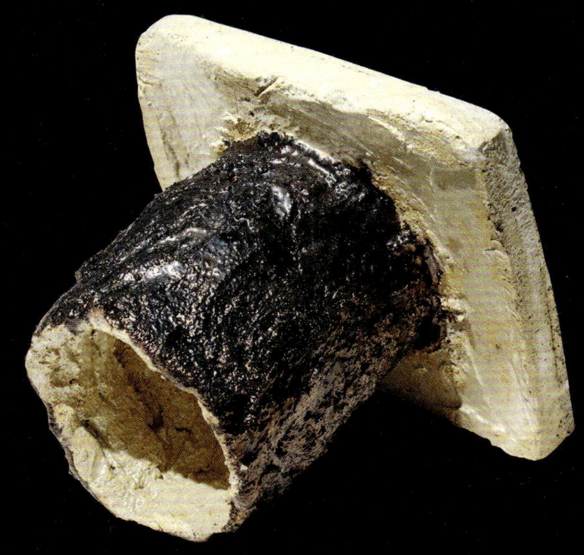

[# *6821*, 1984]

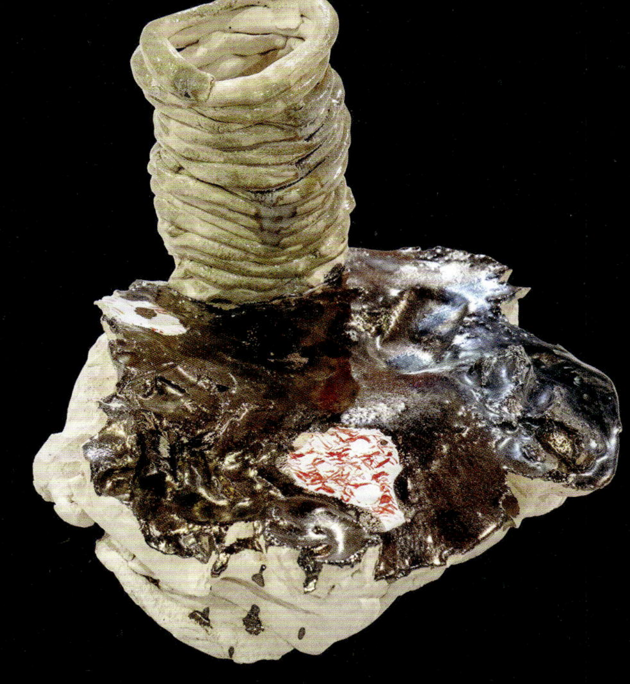

[# *6928*, 2009]

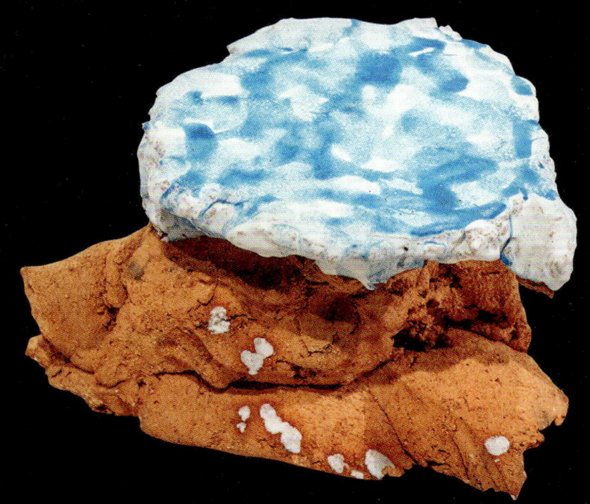

[# *3166*, 2003]

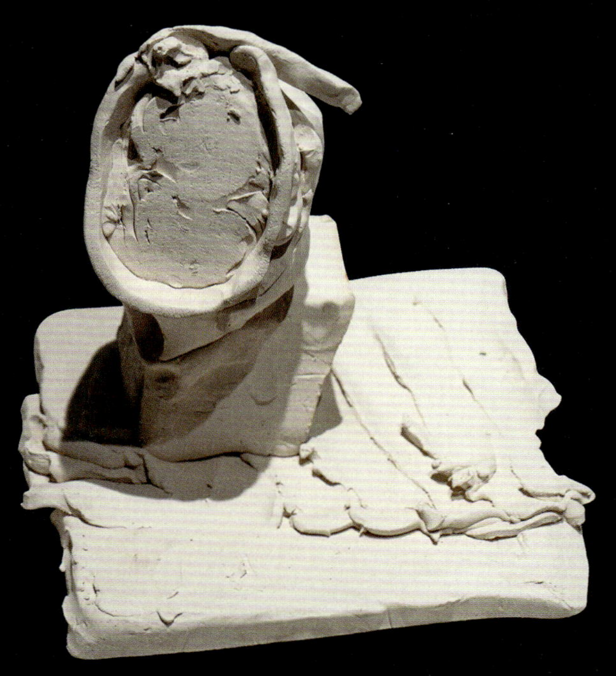

[# *6956*, 2012]

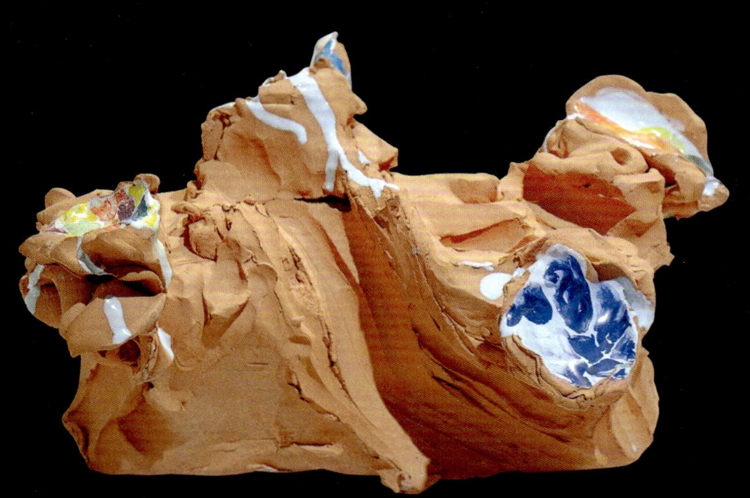

[# *3006*, 2003]

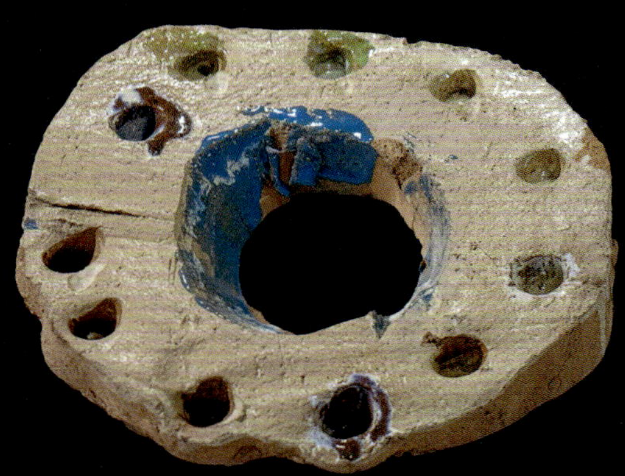

[# *9502*, 1993]

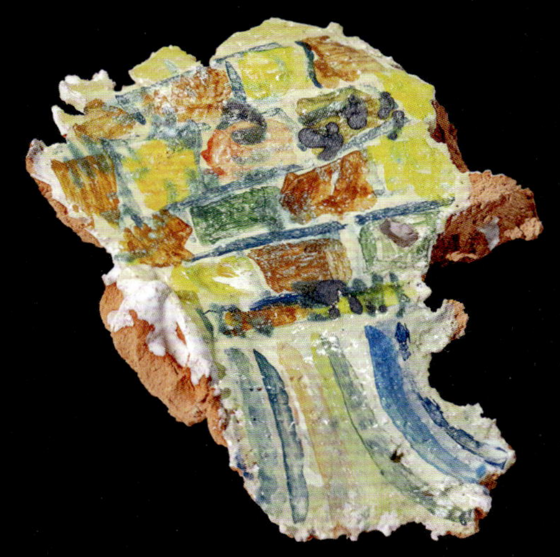

[# *3169*, 2003]

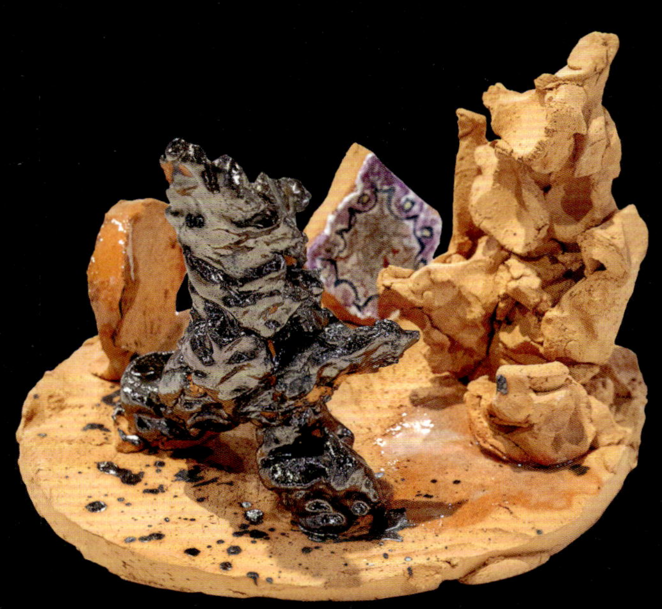

[# *8323*, 2010]

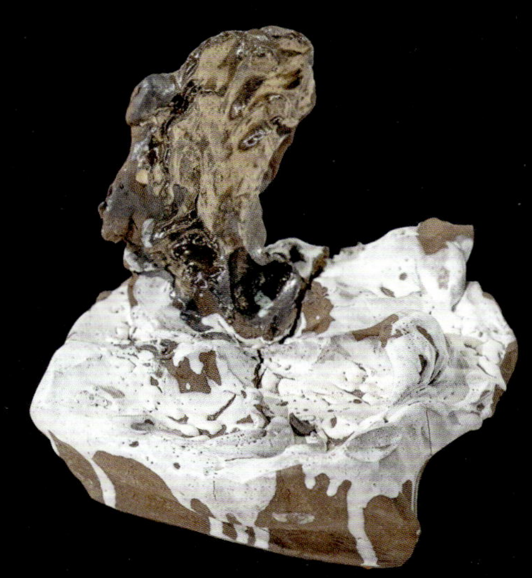

[# *6899*, 2010]

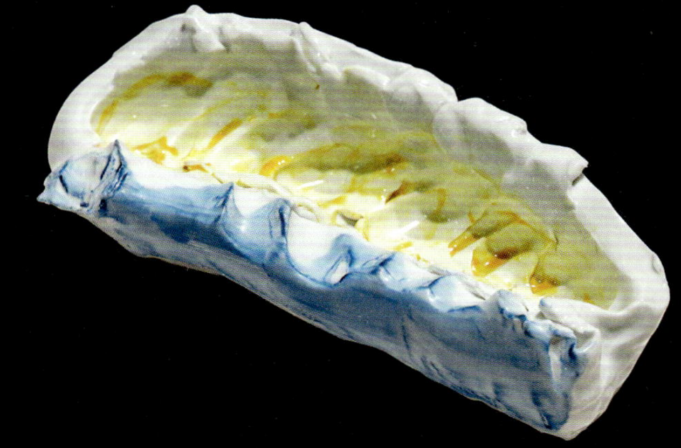

[# *9535*, 1992]

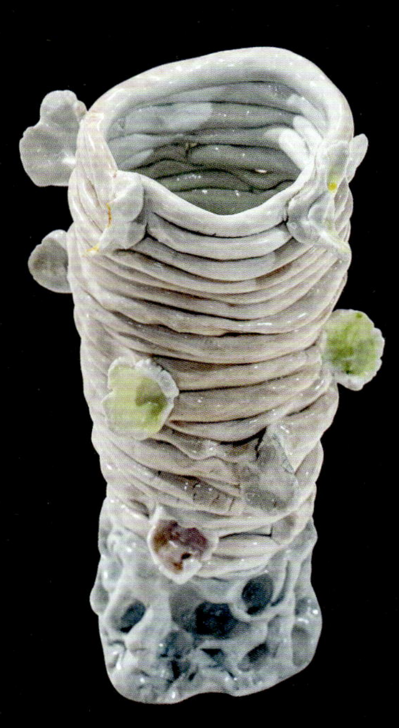

[# *NA3795*, 1992]

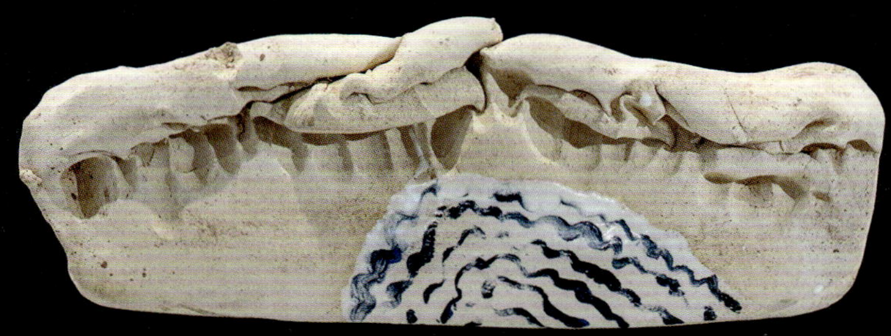

[# *6925*, 2003]

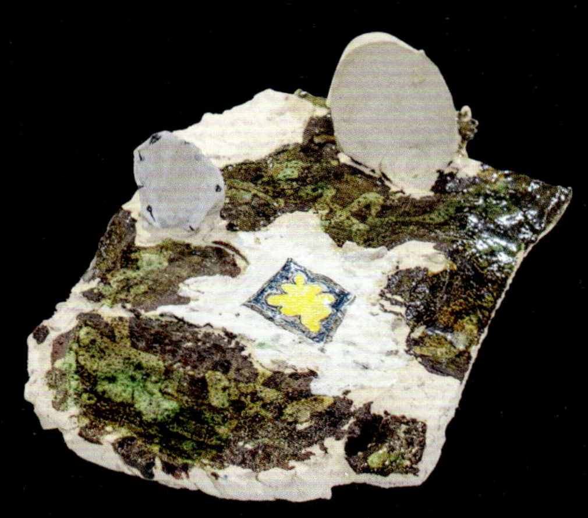

[# *6947*, 2010]

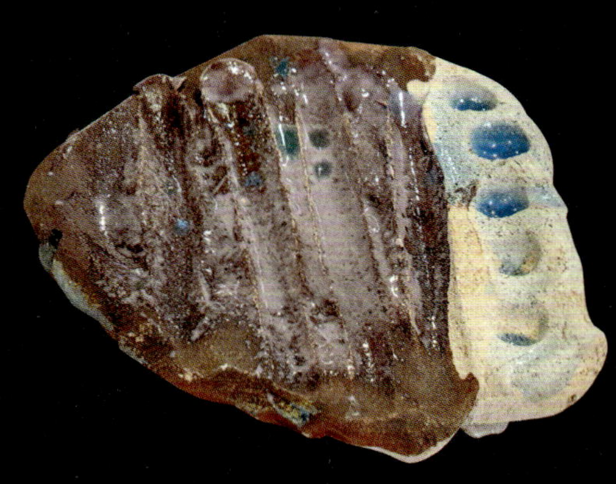

[# *9506*, 1993]

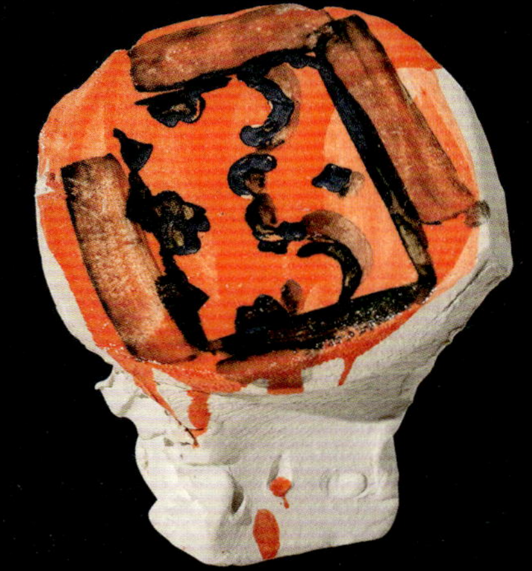

[# *3170*, 2003]

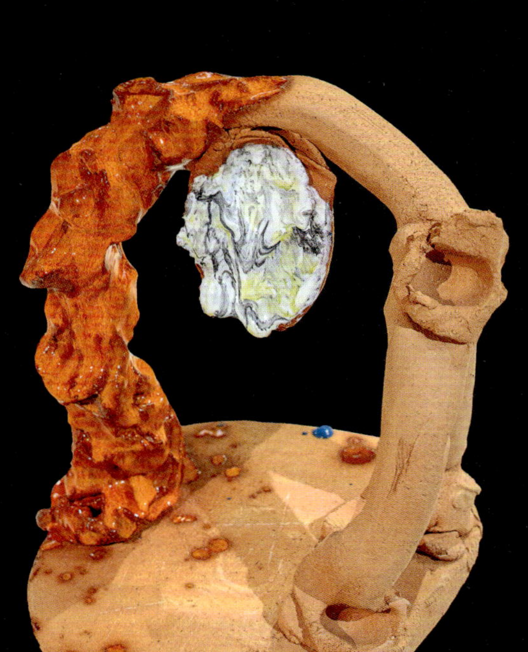

[# *3173*, 2010]

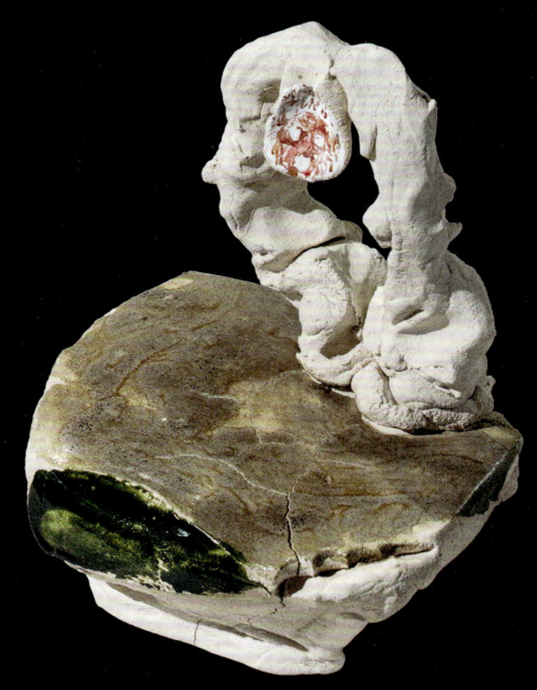

[# *6941*, 2010]

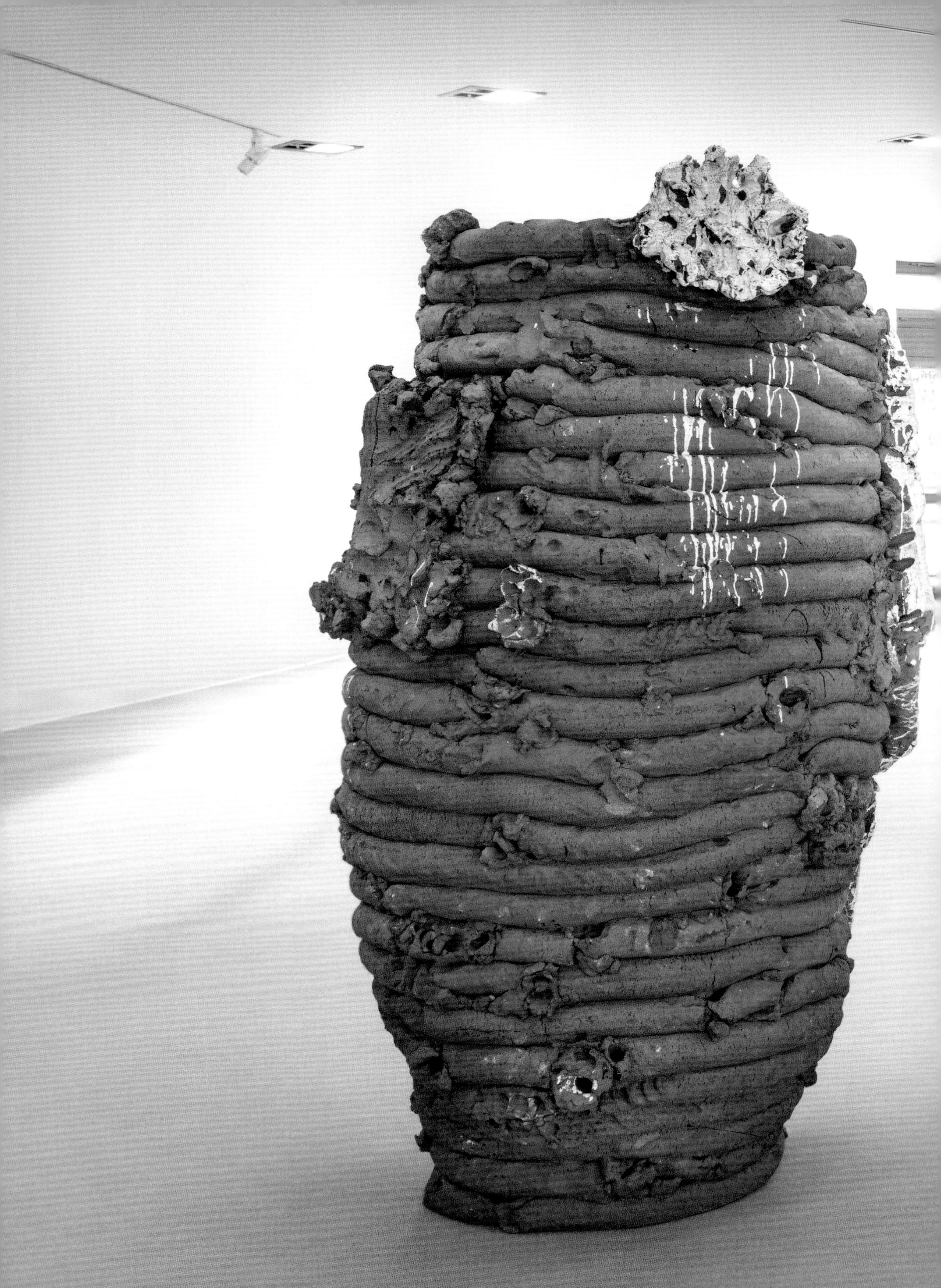

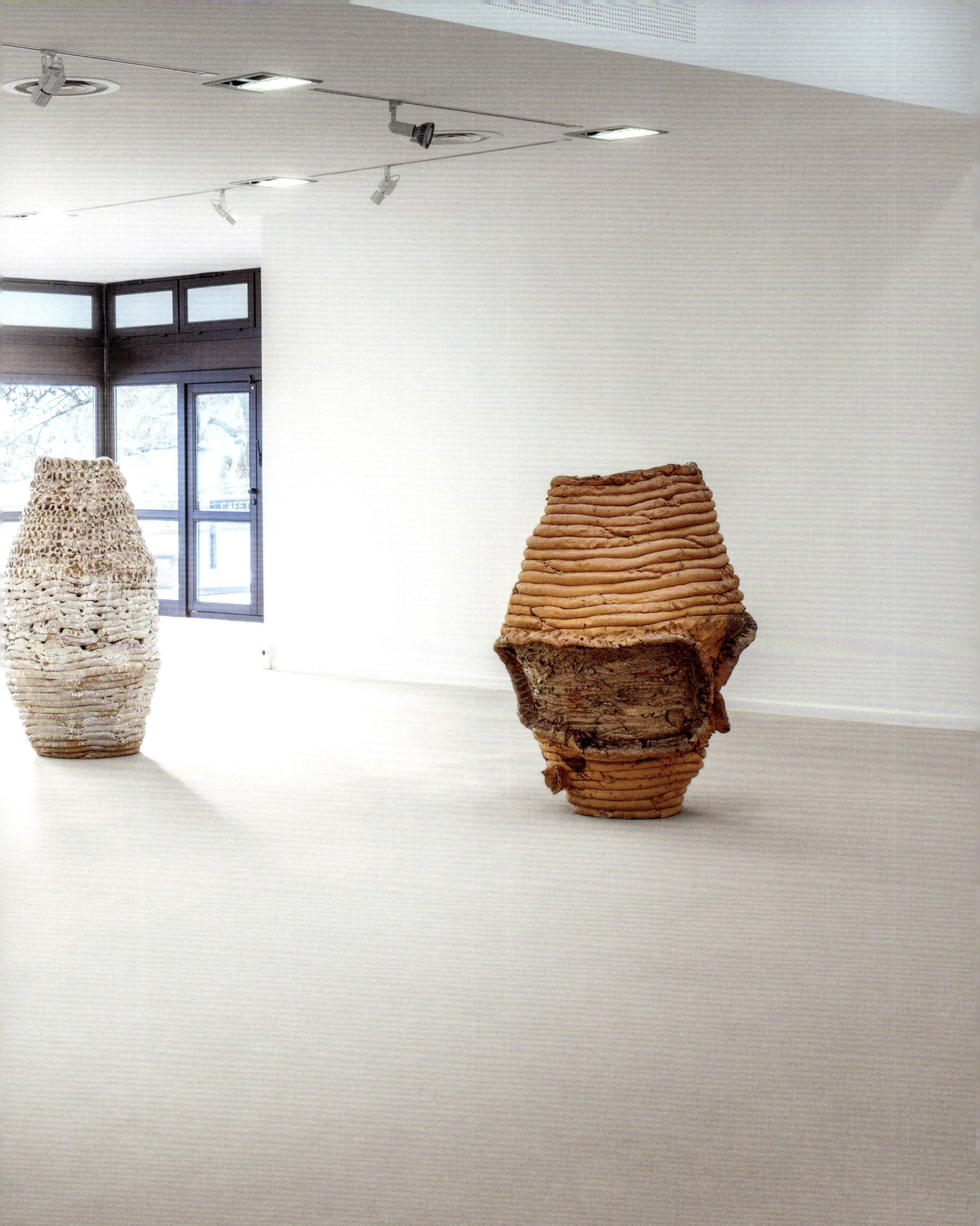

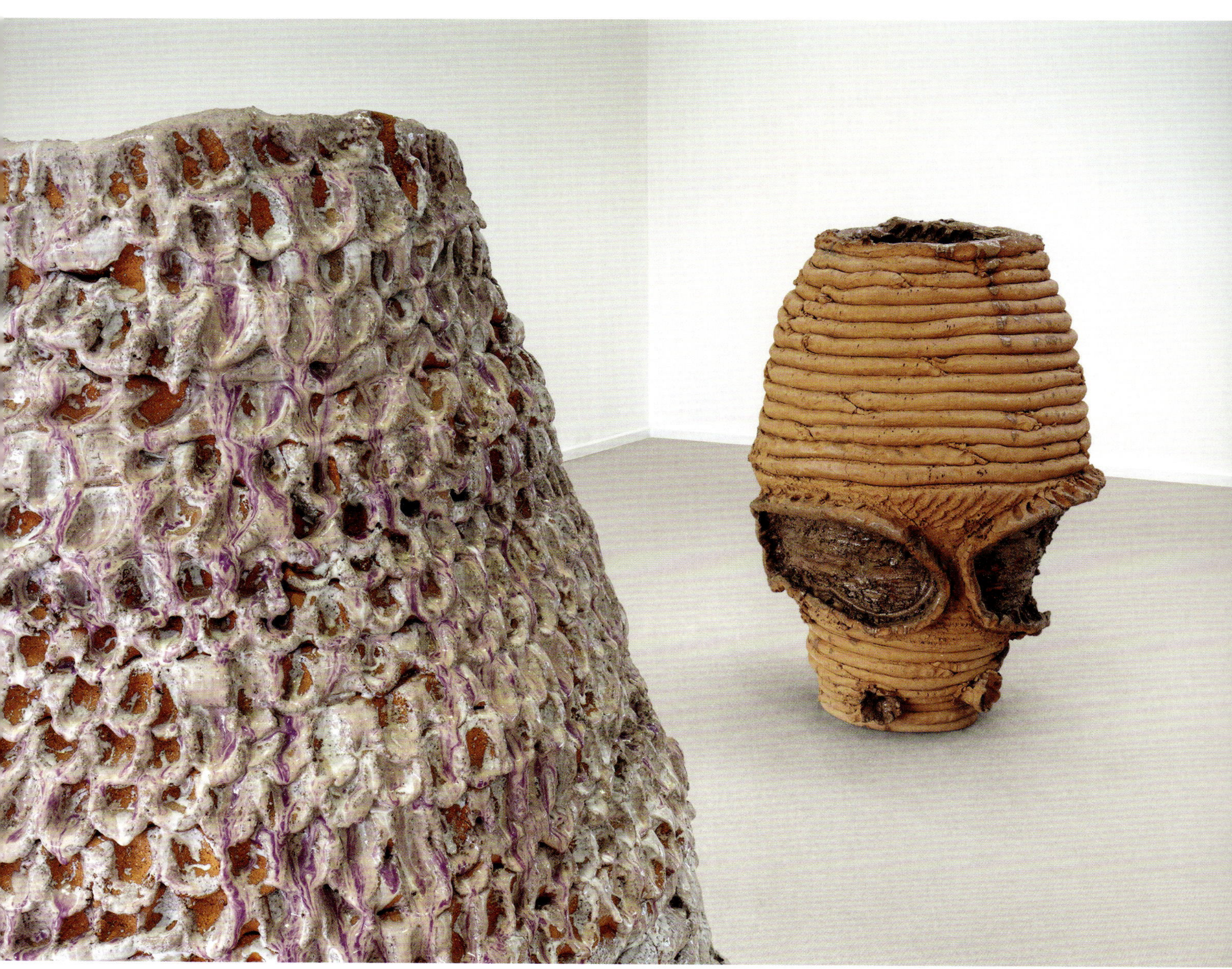

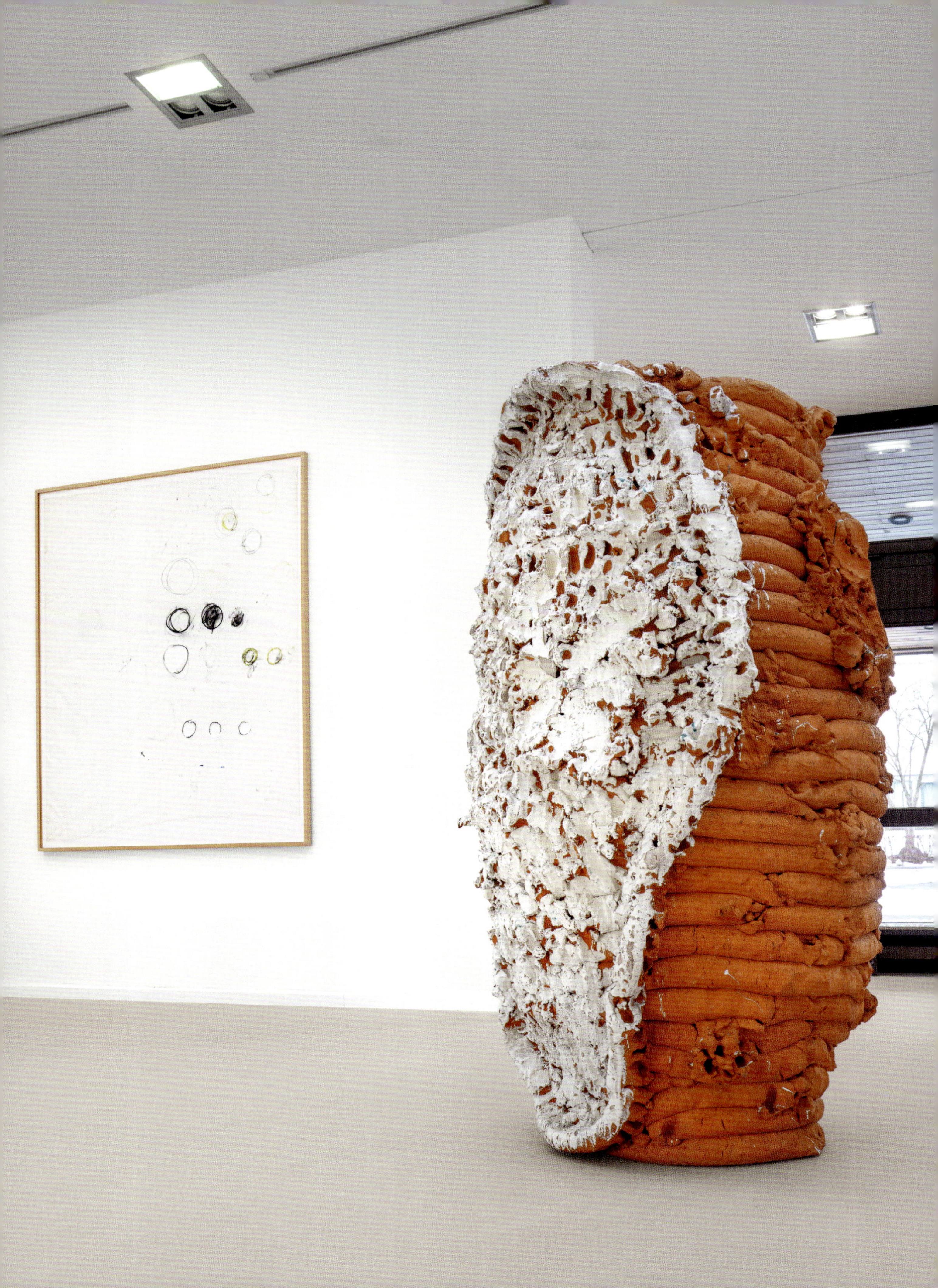

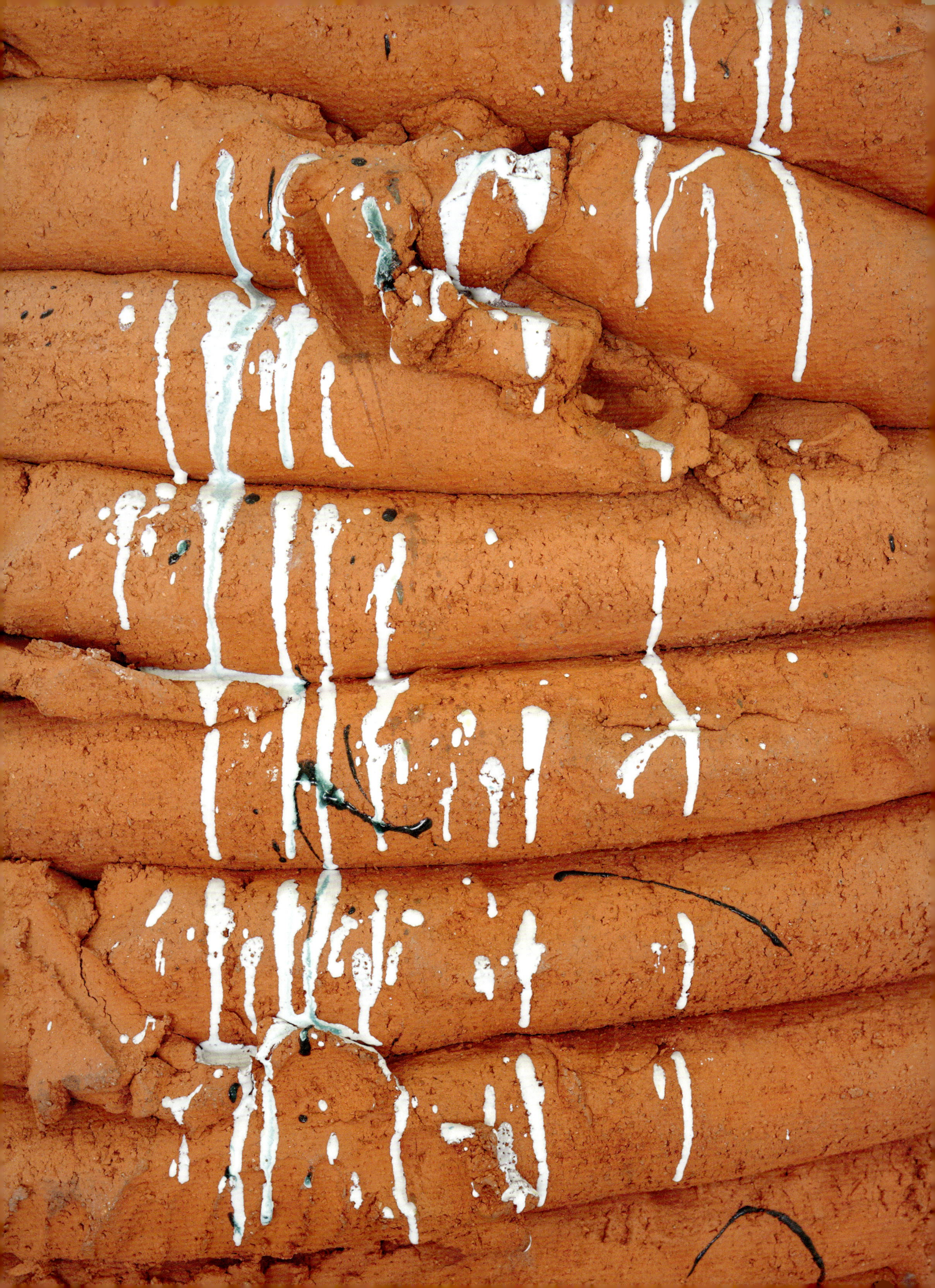

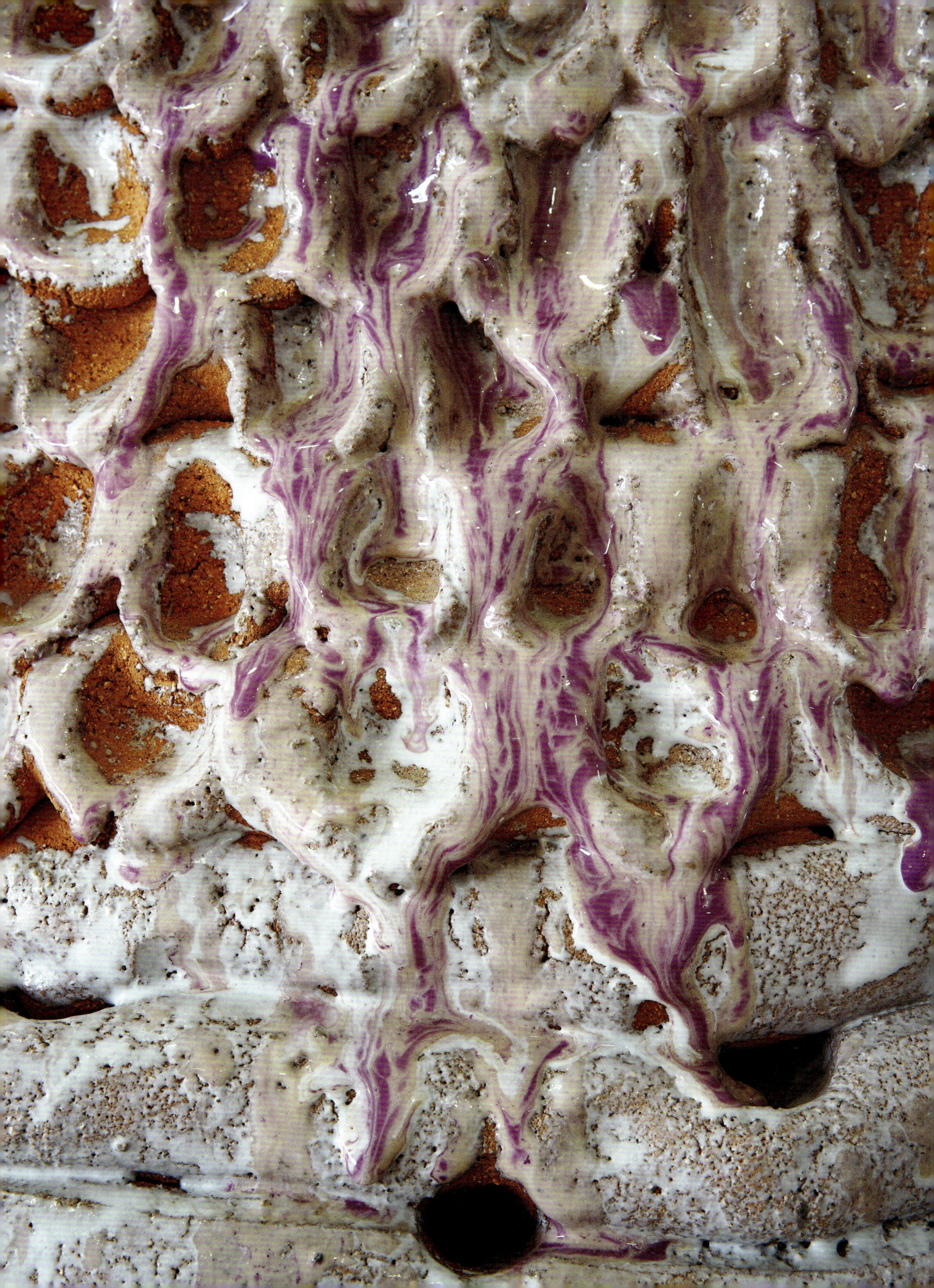

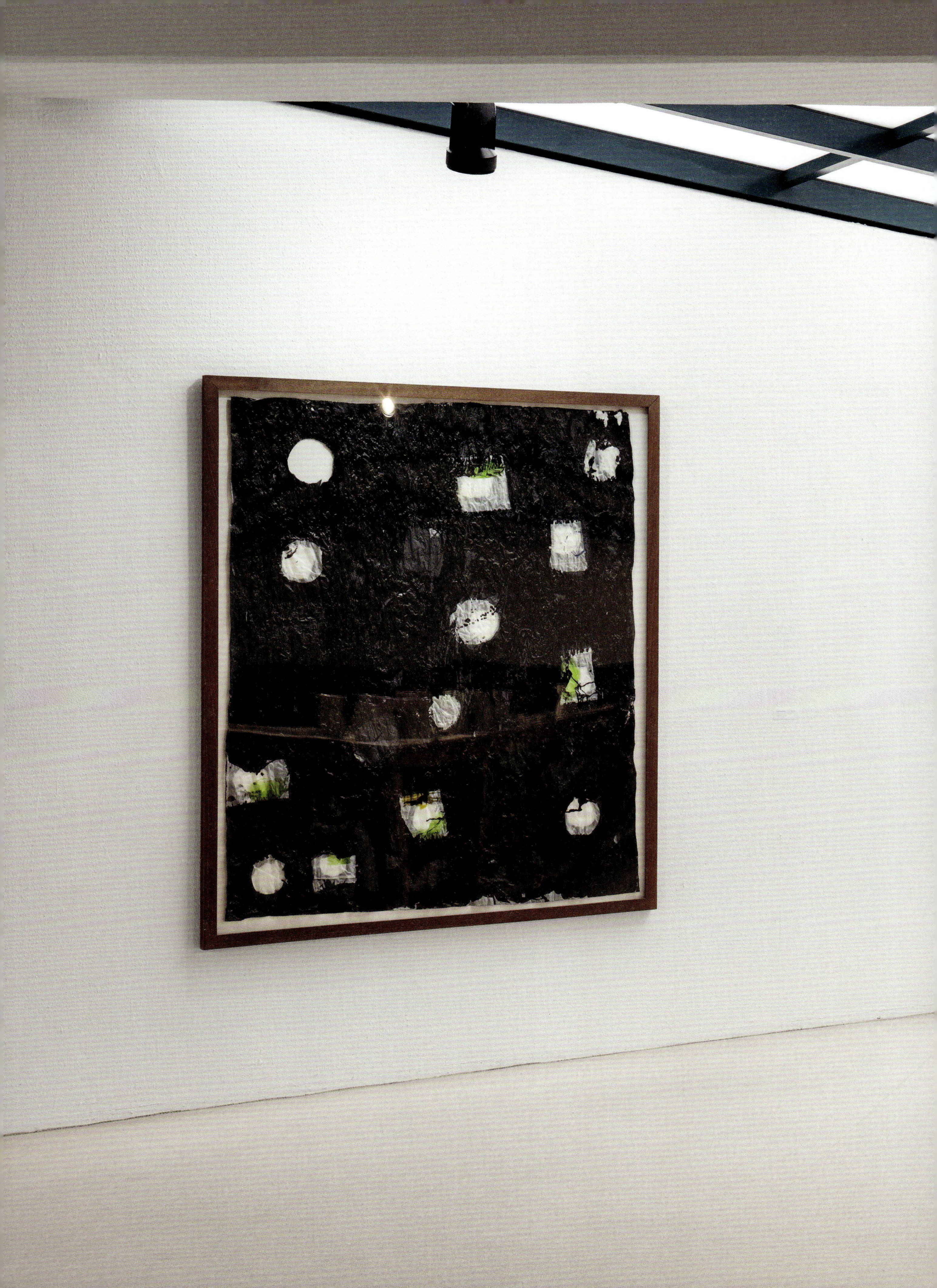

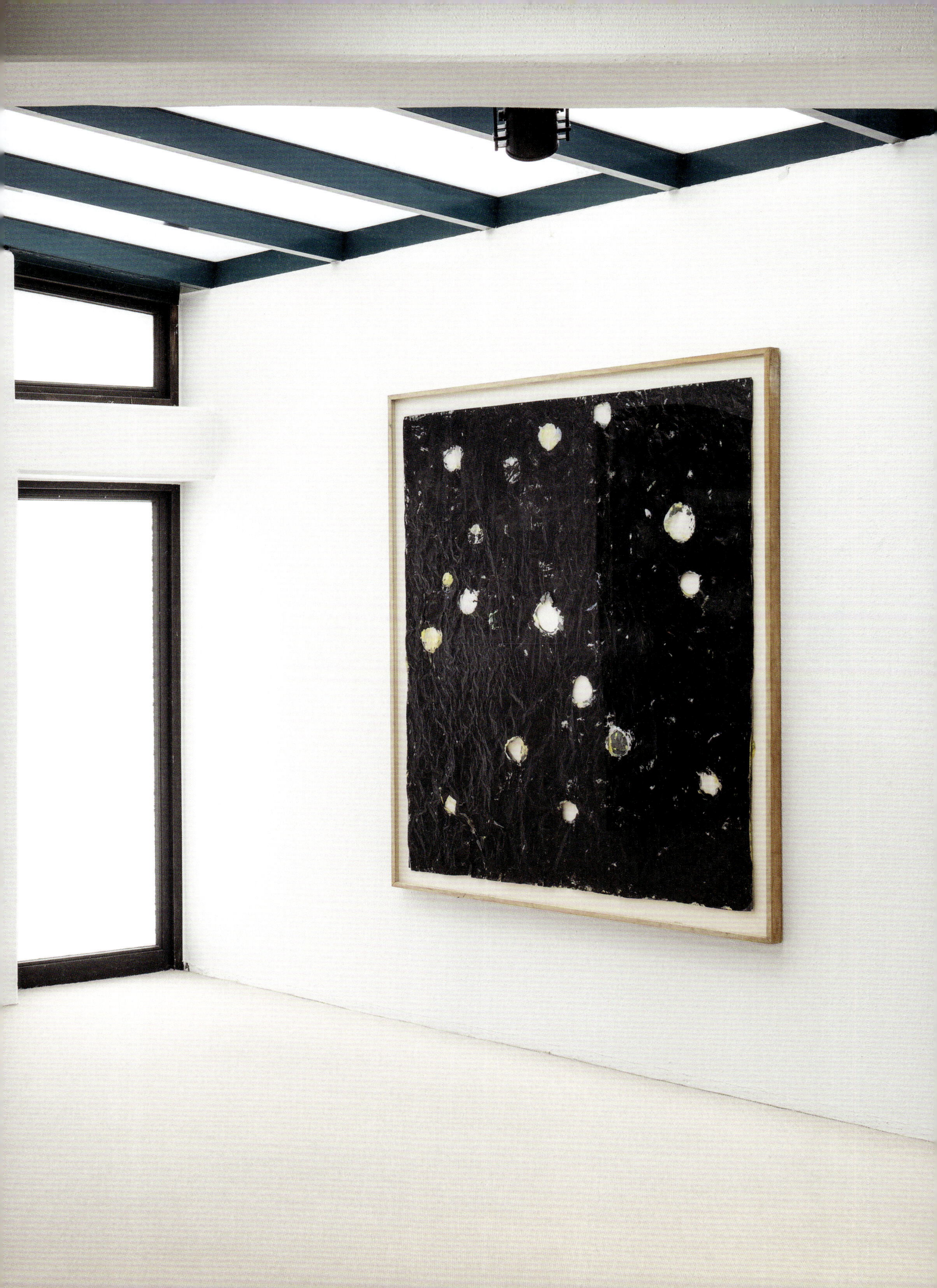

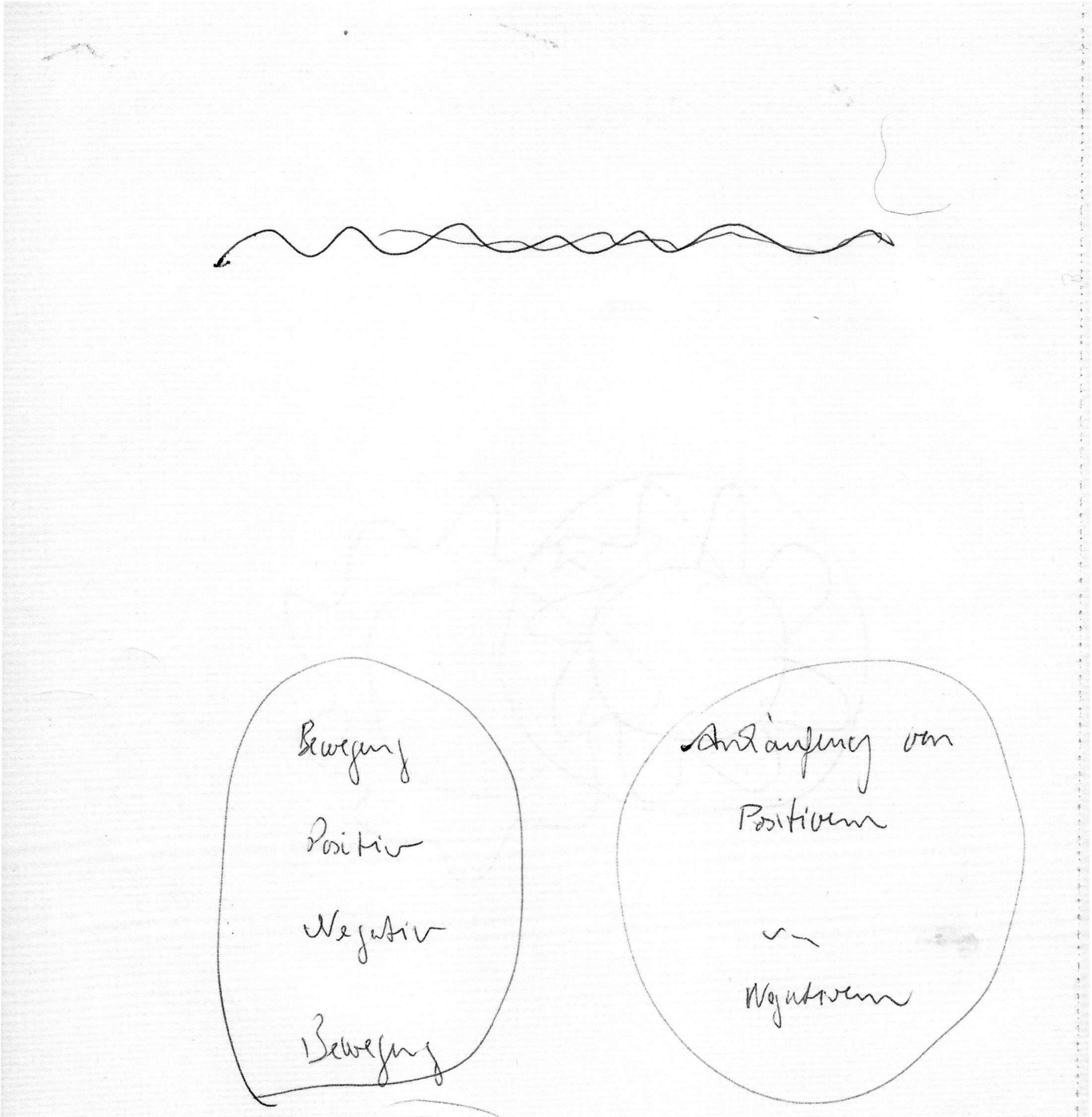

Bewegung

Positiv

Negativ

Bewegung

Dynamik

Wahrheit

Trocken

Anhäufung von

Positiven

und

Negativen

Licht

Tod.

Leben

aus der Erde

vom Himmel

[Tagebucheintrag um 1978/1979]

„Aus der Erde – vom Himmel“
Über die Rolle der Keramik in dem Œuvre Norbert Prangenbergs

von
NELE VAN WIERINGEN

In der zeitgenössischen freien Kunst wird dem Material Ton erst seit kurzer Zeit wieder mehr Beachtung geschenkt und immer mehr Künstler wenden sich diesem einzigartigen Rohstoff zu. Das Keramikmuseum Westerwald thematisiert dieses Umdenken in der Wahrnehmung des keramischen Materials. Es geht nicht darum, unkommentiert auf der neuen Welle der Begeisterung für Keramik mitzuschwimmen. Vielmehr soll zum einen der Weg aufgezeigt werden, der zu einem Umdenken in Bezug auf das Material führte und zum anderen erwähnt werden, welche Vordenker dabei eine prägende Rolle gespielt haben.

Für den nordamerikanischen Raum sind hierbei Peter Voulkos und seine Studenten Ron Nagle und Ken Price als Pioniere anzuführen. Der argentinisch-italienische Bildhauer Lucio Fontana setzte mit seinen *concetti spaziali* Maßstäbe für den europäischen Raum. Norbert Prangenberg, maßgeblich von Fontana beeinflusst, gilt auf Grund seiner Arbeiten, sowie durch seine Lehre an der Akademie für Bildende Künste in München, als ein deutscher Vorreiter. Prangenbergs Werk zeichnet sich besonders durch seine offene Haltung dem Material gegenüber aus. Die Keramik nimmt in seinem Œuvre eine bedeutende, konzeptuelle Rolle ein. Das unkonventionelle Werk ist ein Musterbeispiel dafür, wie die Keramik Wechselwirkungen von Malerei, Zeichnung und Bildhauerei aufzeigen und die unterschiedlichen Gattungen in sich vereinen kann. Zeit, den 2012 verstorbenen Künstler mit einer Sonderausstellung zu ehren.

Norbert Prangenberg (1949–2012) wurde als Gold- und Silberschmied ausgebildet, merkte aber bald, dass er nicht die Hände und die Geduld für feinen Schmuck hatte und kündigte. Ab 1973 arbeitete er für verschiedene Glashütten. Zeitgleich begann er damit, Holzschnitte und Zeichnungen anzufertigen, ab 1976 kamen Bilder und Skulpturen hinzu. Seine erste Ausstellung fand 1980 bei Karsten Greve in Köln statt. Zwei Jahre später erfolgte eine Teilnahme an der *documenta 7*, wo er Tuschemalereien auf doppellagigem Transparentpapier zeigte. Diese Bilder sind dunkle Flächen, die von ausgeschnittenen einfachen Formen geöffnet werden und so räumlich erscheinen. Farbe leuchtet aus den Öffnungen hervor und gewährt Einblick in die unterschiedlichen Schichten. Das zweidimensionale Bild verwandelt sich so zu einer dreidimensionalen Malerei.

Seine ersten plastischen Formen entstanden aus Mehl und Beton. Die Arbeiten Lucio Fontanas, welche Prangenberg bei Karsten Greve gesehen hatte, führten ihn zum Material Ton. Fontanas Werk lebte ihm vor, wie sich eine keramische Arbeit zwischen der zweiten und dritten Dimension bewegen und dabei gleichzeitig eine besondere Sinnlichkeit und Vitalität ausstrahlen kann. Während eines Aufenthaltes in der Villa Esters suchte Prangenberg den Kontakt zur Keramikklasse der Krefelder Hochschule, wo er zum ersten Mal mit Ton arbeitete. Mit seiner ungewöhnlichen Arbeitsweise, nicht gehindert durch technische Vorkenntnisse, sorgte der Autodidakt für viele Diskussionen unter den Studierenden. In Krefeld lernte er auch Niels Dietrich kennen, der später eine Keramikwerkstatt in Köln eröffnete und damit vielen Künstlern die Hemmungen nahm, die aus technischer und handwerklicher Sicht gegen das Material Ton sprachen. In dieser Werkstatt entstanden die meisten keramischen Arbeiten Prangenbergs.

Prangenbergs Skulpturen – in der Regel schlichtweg „Figur“ genannt – sind ein logischer Schritt von den mehrschichtigen Bildern zu einer dreidimensionalen Form. Sie tragen Spuren theatralischer Gesten. Mit einem Messer schneidet er Löcher in geschlossene Formen und lässt das Licht zum Inneren der „Figur“ gelangen. Das Licht dringt durch Urformen wie Kreis, Raute oder Mandorla ein und fängt ein Zusammenspiel mit der Farbe an. Der Künstler versteht sich als Schöpfer, der mit einem einfachen Akt, dem Herausschneiden einer Öffnung, Raum kreiert. Bei manchen Formen ist die Innenseite blau glasiert.

> *Ich finde es schön, daß das Licht auch in der Skulptur ist. […]*
> *Daß das Innere einer Figur, das dunkel ist oder in das das Licht weniger eindringt,*
> *daß so ein Raum die Farbe des Himmels hat. Dann weitet er sich.*[1]

In Prangenbergs frühen Arbeiten, den liegenden keramischen Körpern, geht es nicht um die Form als Behälter oder als Gefäß, sondern um die Form als Speicherplatz von Dunkel und Licht. Als Ort an dem – ganz im Sinne Goethes oder des Frühromantikers Runge – die Farbe zwischen den Polen Licht und Dunkel entsteht. Aus Prangenbergs Tagebucheinträgen geht hervor, dass er sich ausführlich mit Runges Gedankengut auseinandersetzte. So schrieb er am 23.05.1979:

> *Das Leben ist voller Bögen Schleifen*
> *und Windungen alles hängt zusammen*
> *und macht ein ganzes aus. Auch die*
> *Brüche Löcher und Abgrunde Teilungen*
> *und Überlagerungen machen zusammen*
> *mit dem Ersten ein ganzes aus.*
> *Die Geschichte ist ebenso; wie oben*
> *beschrieben.*
> *Alles hat Anfang und Ende.*
> *Das vorhandensein der Ewigkeit läst mich*
> *Zeichen finden für Anfang und Ende*
> *für das oben beschriebene für das ganze*
> *oder für das geistige als auch gegenständlich*
> *erfahrene gottesdasein.*
> *Das oben beschriebene kleine ganze mit*
> *Dem Gedanken an Gott (suche nach Gott)*
> *erzielt das <u>große Ganze.</u>*
> *mit der darstellung von Anfang u. Ende und*
> *dem oben genannten kleinen Ganzen gebe*
> *ich eine Vorstellung von Ewigkeit und großem ganzen.*[2]

Philipp Otto Runge (1777–1810) erstellte 1810 eine Farbenlehre, die konzeptuell auf einer spätmittelalterlichen Lichtsymbolik aufgebaut war. Die Kreisform, die Runge dabei bewusst wählte, ist, wie andere zahlreiche Darstellungen des Kosmos in der Renaissance, ein stellvertretendes Weltbild. Sie zeigt die Farbe als kleines Detail, weist dadurch aber auf das große Ganze – Gottes Schöpfung – hin. Erst dann entsteht, so Runge, Kunst: *„Entsteht nicht ein Kunstwerk nur in dem Moment, wann ich deutlich einen Zusammenhang mit dem Universum vernehme?“*.[3] Auch Prangenberg nutzte eine Licht- und Formsymbolik, um universelle Zusammenhänge anzudeuten. Das Kontinuum in seinem Œuvre ist nicht das Material, sondern seine Formensprache. *„Alles ist eins und besteht aus vielen Teilen + Wegen“*[4], merkte er zu seinen großen Zeichnungen an. Mit verschiedenen Materialien weist Prangenberg auf das große Ganze hin. Dabei war das Material Ton der Weg, um eine dreidimensionale Form auf eine metaphysische Ebene zu heben. *„Aus der Erde – vom Himmel“*[5]: diese Dualität sah er in einer Tonskulptur vereint.

23.5.79

Das Leben ist voller Bögen Schleifen
und Windungen alles ringt zusammen
und macht ein ~~kleines~~ Ganzes aus. auch die
Brüche Löcher und abgrenzende Teilungen
und Überlagerungen machen zusammen
mit dem Ersten ein Ganzes aus.

Die Schwarte ist ebenso; wie oben
beschrieben.
Alles hat Anfang und Ende.
Das Vorhandensein der Ewigkeit löst ~~aus~~ mir
Zeichen finden für Anfang und Ende
für das oben beschriebene für das Ganze
oder für das geistige aber auch gegenständlich
erfahrene (Gottesdasein).
Das oben beschriebene kleine Ganze mit
~~oder~~ dem Gedanken an Gott (suche nach Gott)
ergibt das große Ganze.

mit der Darstellung von Anfang u. Ende und
dem oben genannten kleinen Ganzen gebe
ich eine Vorstellung von Ewigkeit und großem
Ganzen

[Tagebucheintrag 23.5.79]

große Zeichnungen

2,20 × 180

Hartfaser oder besser

Pressspan

Papier aufkleben zeichnen malen

Alles ist eines + Anfang + Ende

~~[illegible]~~

Anfang + Ende

Alles ist eines und besteht aus

vielen Teilen + Wegen

Alles hat Zusammenhang

Anfang + Ende

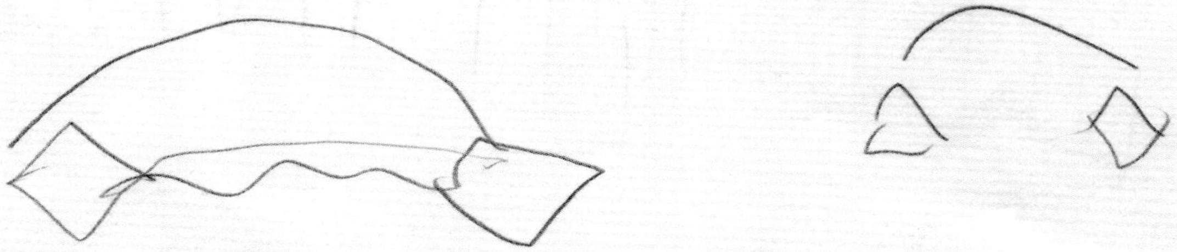

[Tagebucheintrag um 1978/1979]

Ihm war durchaus bewusst, dass er damit auch eine gewisse romantische Auffassung vermittelte:

> *Eine monumentale, deutliche Form, die dann in den Feinheiten wieder ganz empfindlich ist oder auch gefährdet, ist für mich Qualität. Das Ziel ist immer etwas Authentisches, etwas zu machen, was mit meinem Körper zu tun hat, mit meinem Denken und Fühlen – das ist vielleicht eine romantische Position.*[6]

So gesehen hilft Prangenberg der Farbe durch perforierte Kreise, Rauten und Wellenlinien in die Freiheit. Auf der Oberfläche verbindet die Farbe sich als Malerei mit der Form und wird durch die Glasur auch zu einem formbaren, plastischen Material. Das Licht findet seinen Weg aus der Form heraus und durchdringt die Farbe der Glasur. So steigert der Künstler diese einfachen archaischen Tonformen ins Immaterielle. Dies ist das unverkennbare Vokabular Prangenbergs. Ohne Umstände legt der Autodidakt die konzeptuelle Wirkung des Materials Keramik frei, indem er die Gattungen Bildhauerei und Malerei ineinander aufgehen lässt. Man fragt sich: Kann Keramik so einfach sein? Ja, das kann sie. Die Kombination von Monumentalität und Spiritualität in Prangenbergs Arbeit zeigt dies eindeutig.

In seinen späteren Arbeiten breitet Prangenberg sein Farbenspektrum aus und widmet sich verstärkt der Malerei. In kleinformatigen Ölbildern forscht er nach Struktur und Motiv, wobei sich abstrakte und gegenständliche Formen abwechseln. Prangenberg lotet die Grundbegriffe der Malerei aus und sucht dabei nach Möglichkeiten, Gegensätze zu verbinden. Dabei verschmilzt er nicht nur Malerei und Skulptur – wie er es in seinen früheren Arbeiten unternommen hatte – sondern betrachtet in einem weiteren Schritt Farbe stofflich. In den kleineren Skulpturen – im Format Studiokeramik – die Prangenberg in seinen letzten Lebensjahren schuf, wird die Malerei selbständig: Er bemalt kleine Medaillons und ausgewählte Flächen auf der keramischen Skulptur in Fayencetechnik. Diese Stellen verwandelt er durch feine Aufglasurzeichnungen in Bildflächen, die ein Zusammenspiel mit der Form eingehen. Die Formensprache erweitert sich, Malerei und Bildhauerei werden miteinander konfrontiert. Manchmal erinnern die kleinen Bildflächen an Ornamente oder Schmuckstücke. Die Malerei bekommt so eine ganz neue Aufgabe: Sie verschmilzt nicht mit dem Ton zu einem bildhauerischen Objekt, sondern nimmt an ausgewählten Stellen der skulpturalen Bühne selbstbewusst ihren Platz ein. Dort behauptet sie sich als gegenständliches Bild. Als ob sie sagen will: „Ich kann so, aber auch so. Mein Erscheinungsbild ist ganz dem Künstler überlassen."

Ab 2008 entstehen keramische Arbeiten, die im Dialog mit den früheren Skulpturen aus Krefeld stehen. Prangenberg greift manche Formen wieder auf, gestaltet sie jedoch mit fragilen, dünnen Elementen. Sie strahlen eine feinsinnige Zerbrechlichkeit aus. Auch hier:

> *Alles ist eins und besteht aus*
> *vielen Teilen und Wegen.*
> *Alles hat Zusammenhang*
> *Anfang und Ende.*[7]

Norbert Prangenberg lässt in seinem Œuvre Malerei und Skulptur die Rollen tauschen und zeigt auf diese Weise das volle Wirkungspotenzial der Keramik. Nicht nur seinen Studenten in München, wo er ab 1993 die Klasse für Keramik und Glas leitete, sondern auch einer ganzen Generation von jungen Künstlern öffnete er damit viele Wege.

1. Norbert Prangenberg, *Die Wurzel. Skulpturen auf dem Hermeshof*, Ausst.-Kat., Bonn 2000, S. 50.
2. Tagebucheintrag vom 23.05.1979, Nachlass Norbert Prangenberg, Rommerskirchen.
3. Philipp Otto Runge, *Hinterlassene Schriften. Notizen*. Dresden, im Februar 1802, hg. von Daniel Runge, 2 Bde. (Hamburg, 1840-1841), S. 6.
4. Tagebucheintrag um 1978/1979, Nachlass Norbert Prangenberg, Rommerskirchen.
5. Tagebucheintrag um 1978/1979, Nachlass Norbert Prangenberg, Rommerskirchen.
6. Keramik Magazin 3, 1997, S. 15.
7. Tagebucheintrag um 1978/1979, Nachlass Norbert Prangenberg, Rommerskirchen.

Im
Kunstraum am Limes

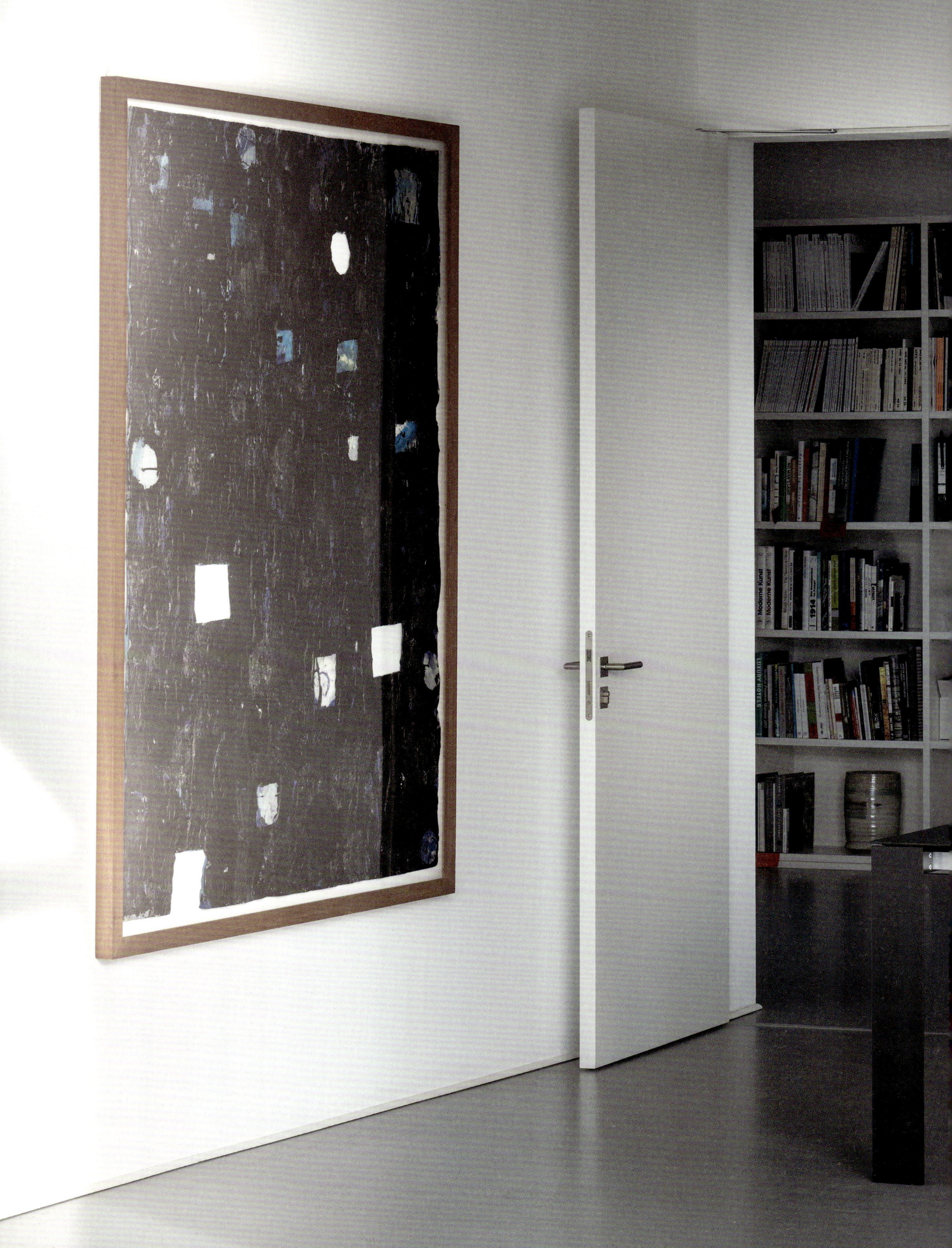
Moderne Kunst
Moderne Kunst
1914

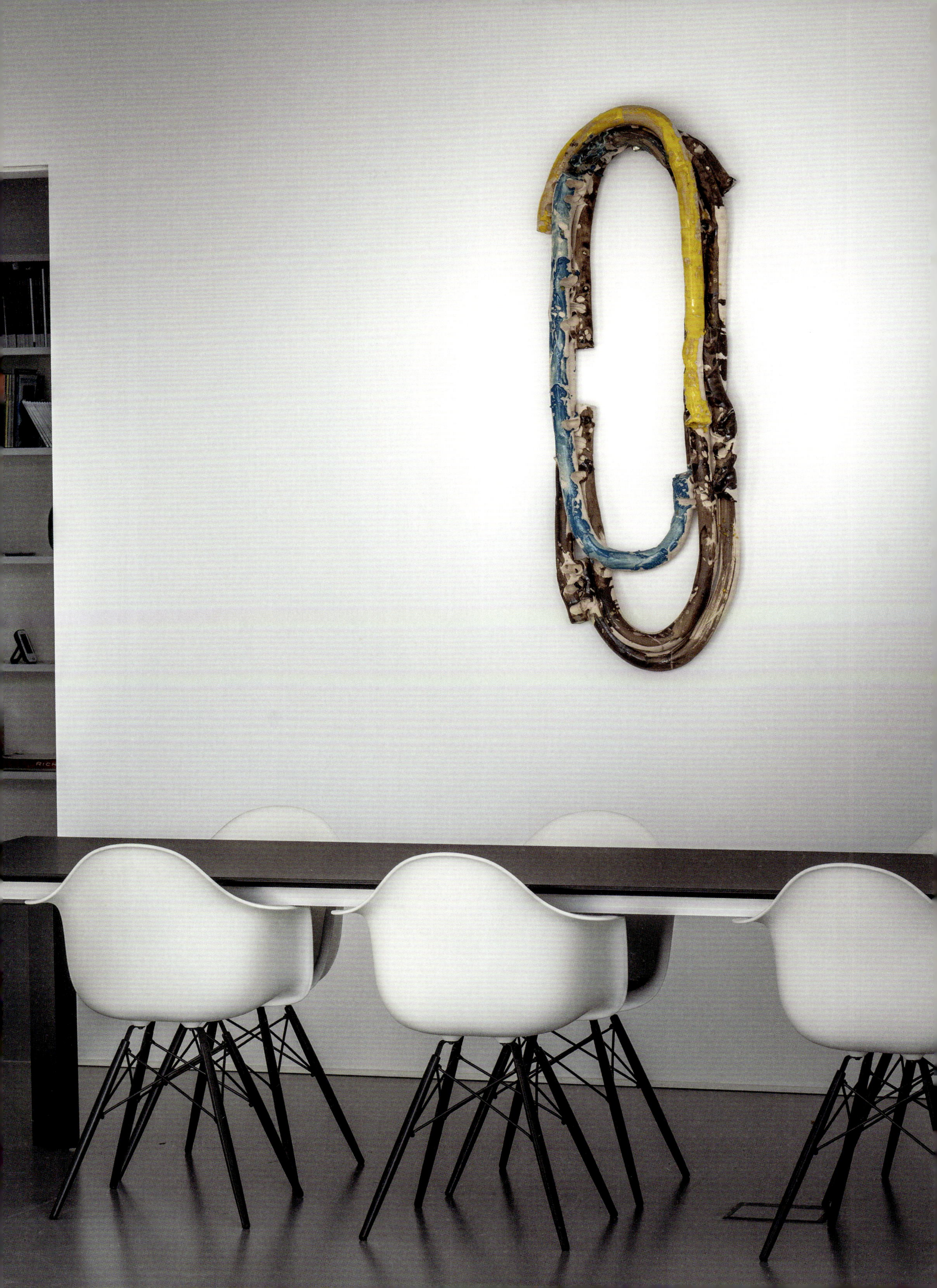

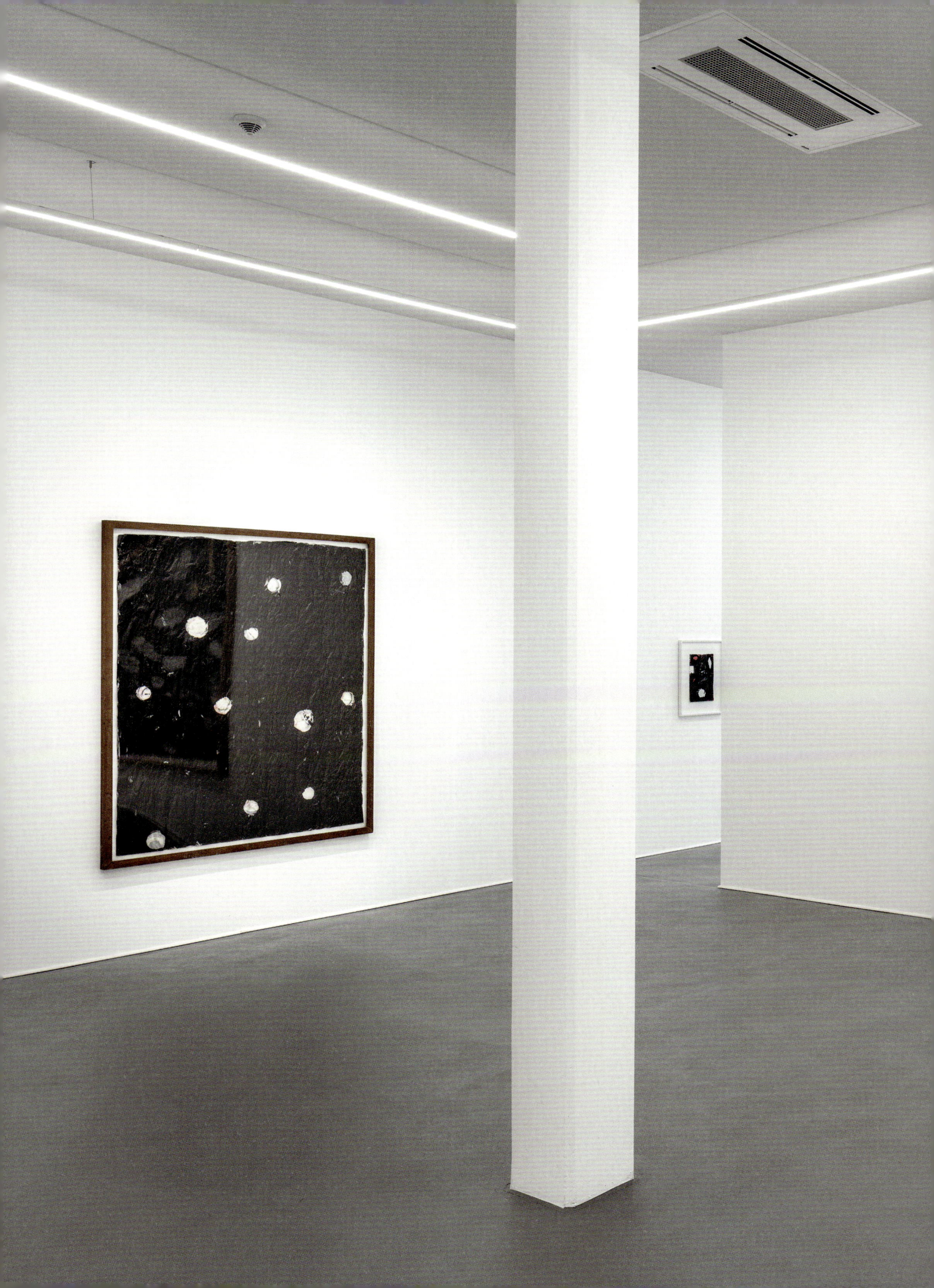

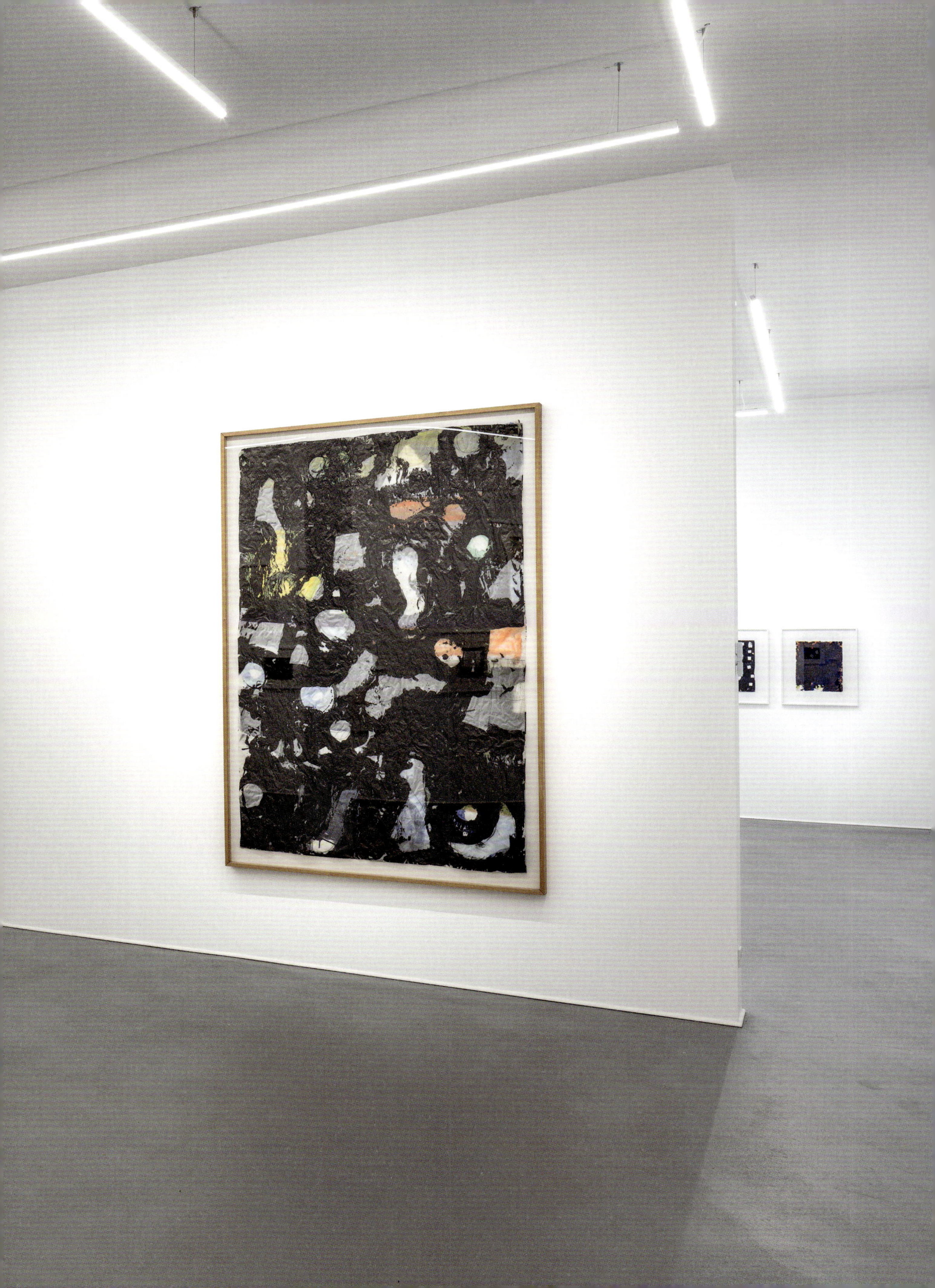

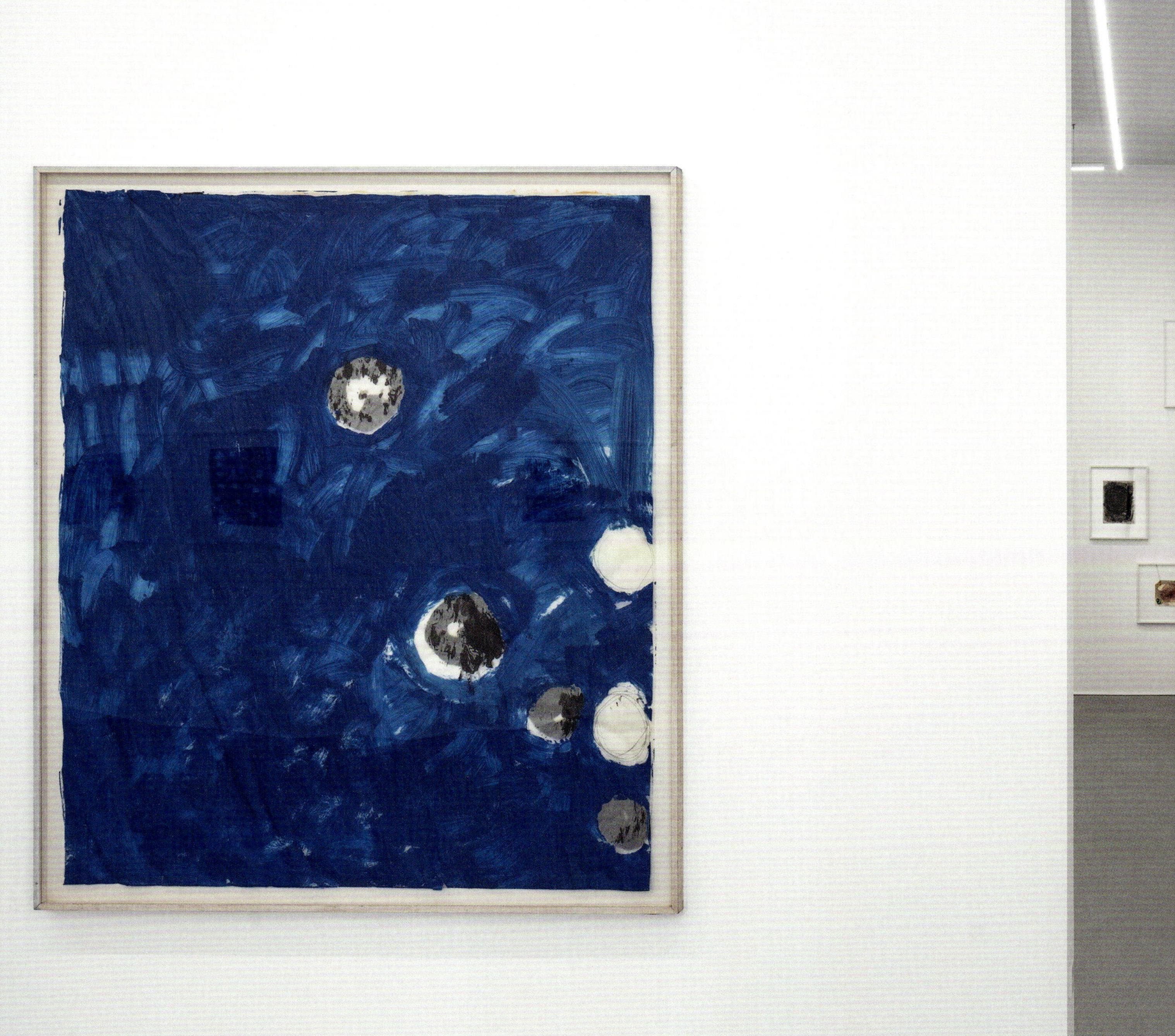

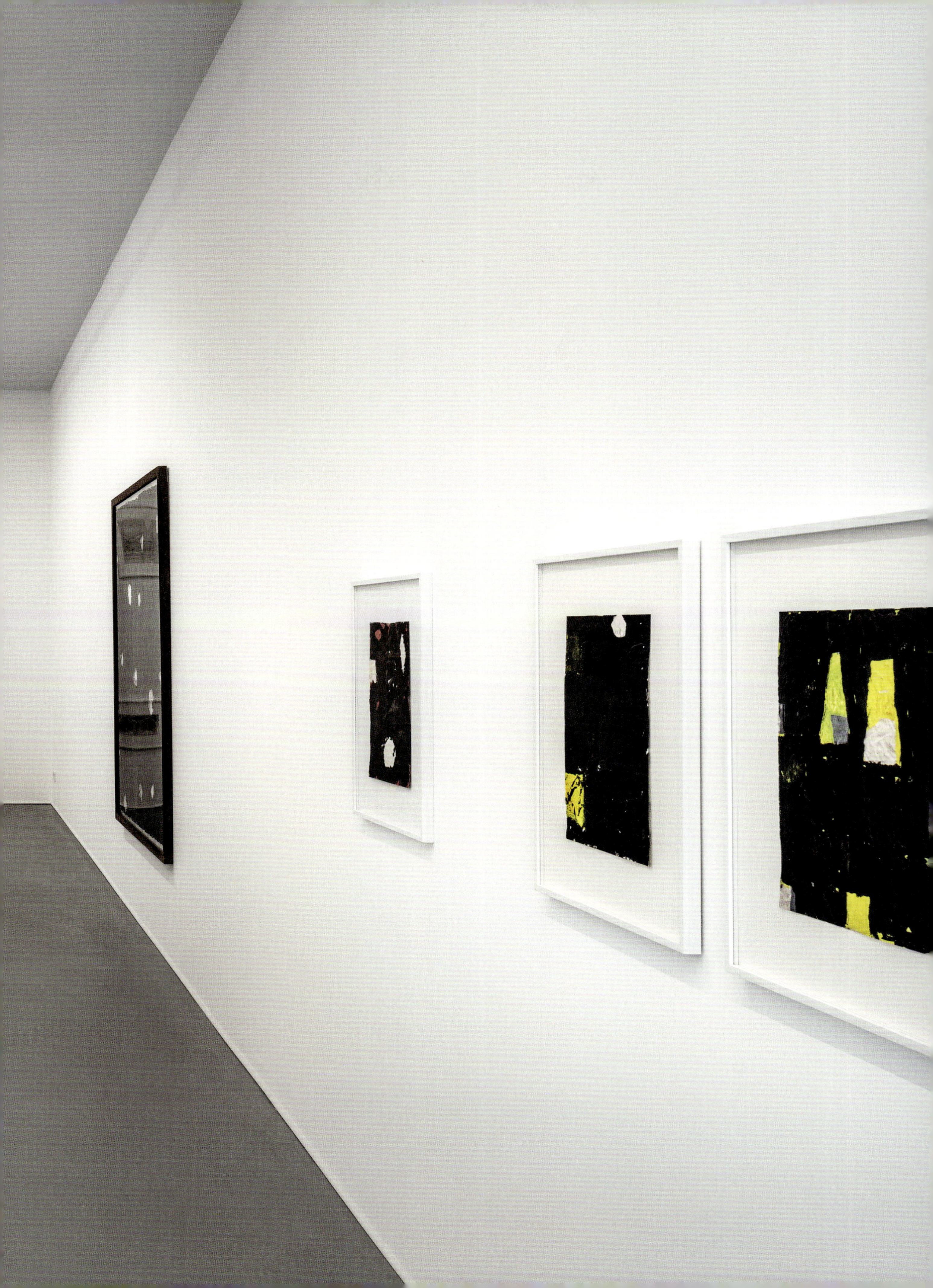

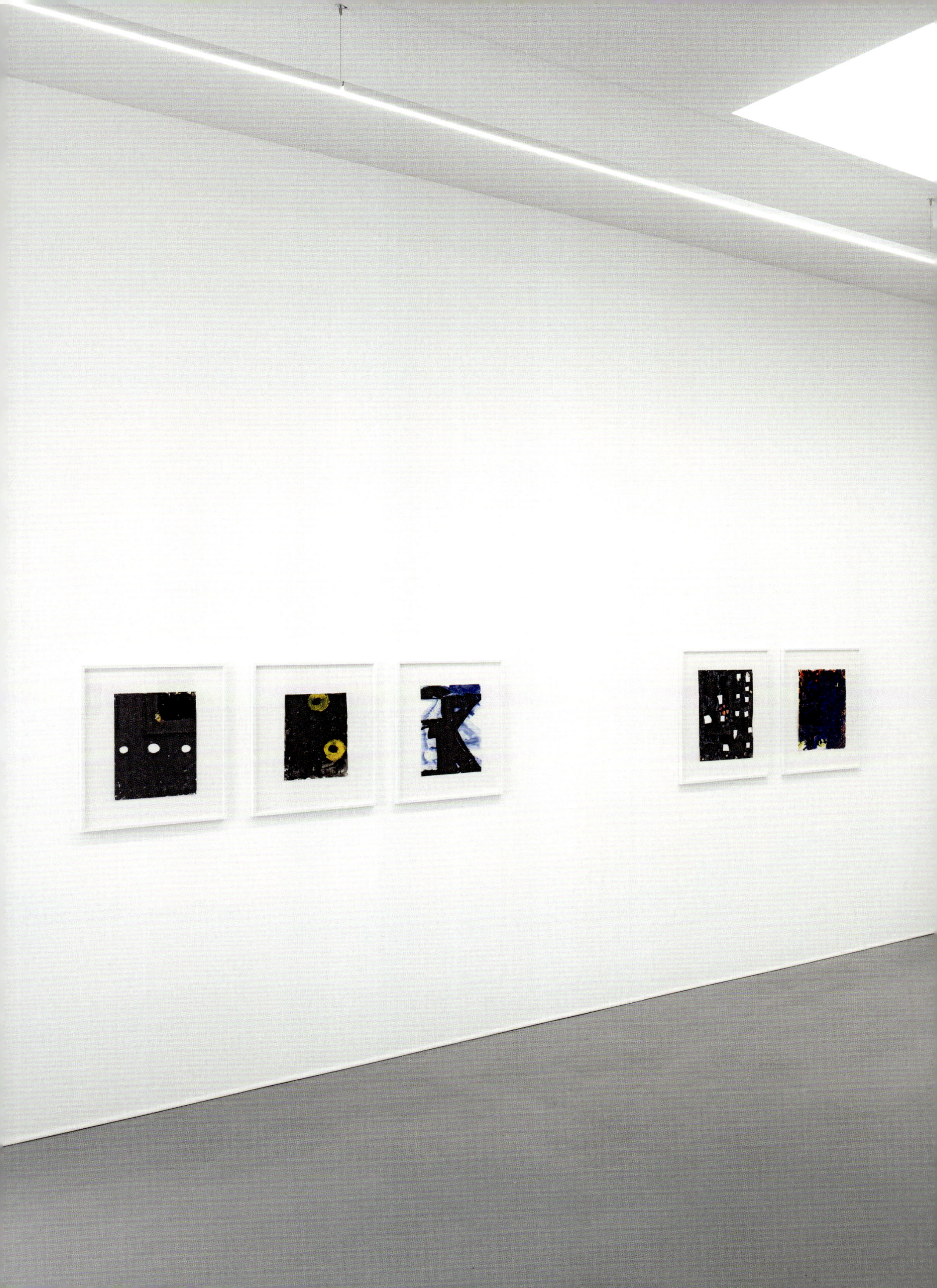

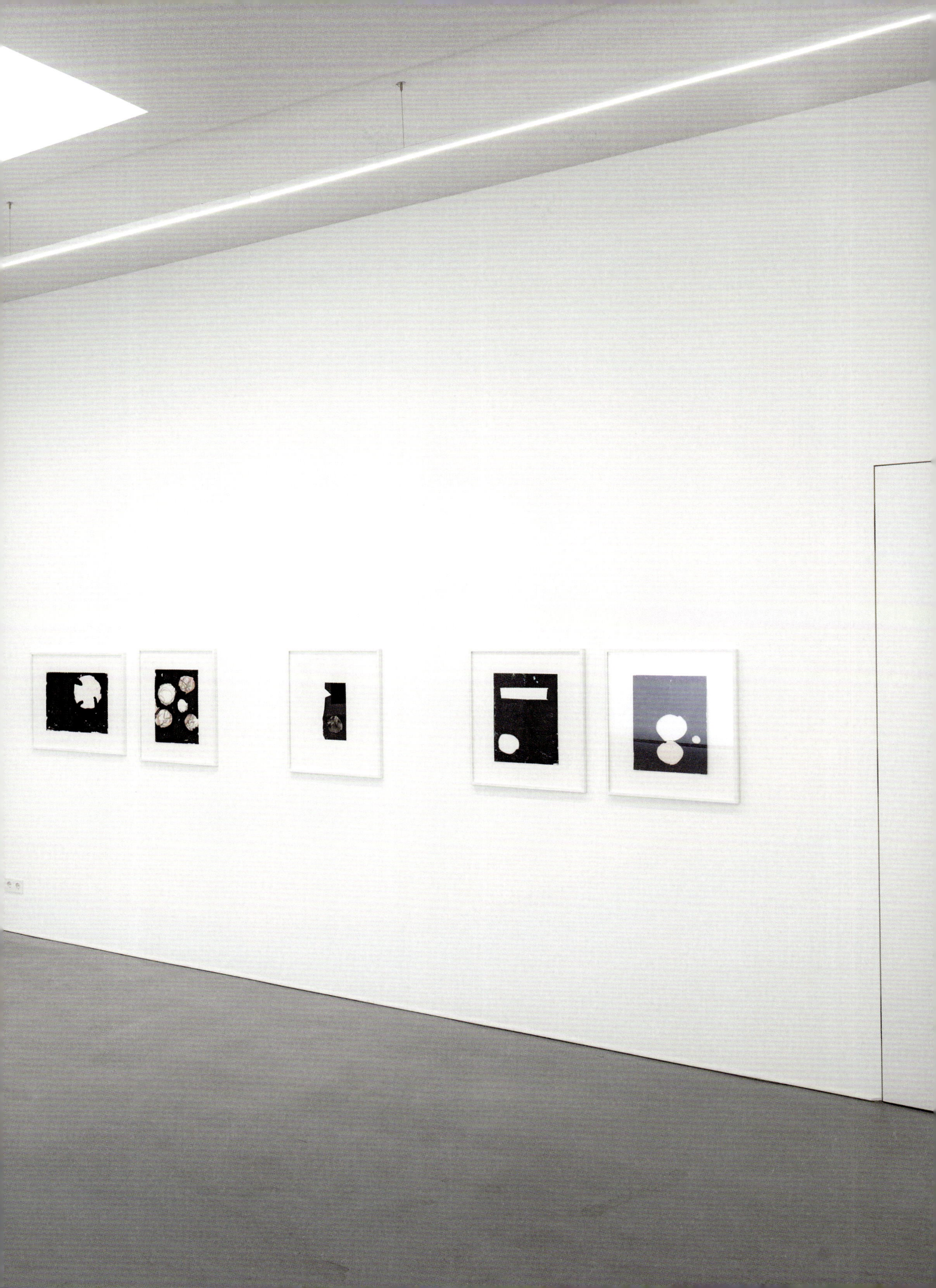

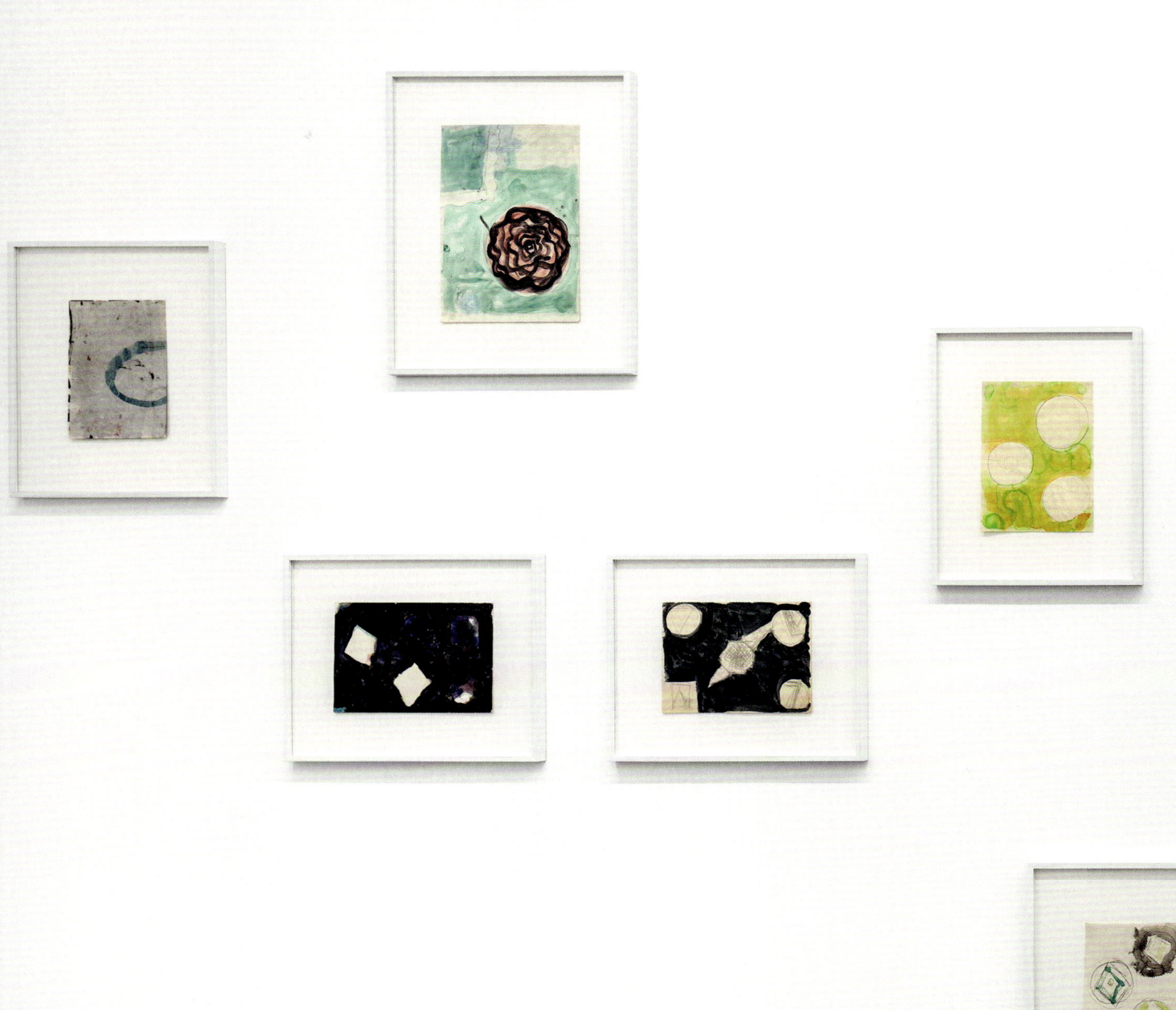

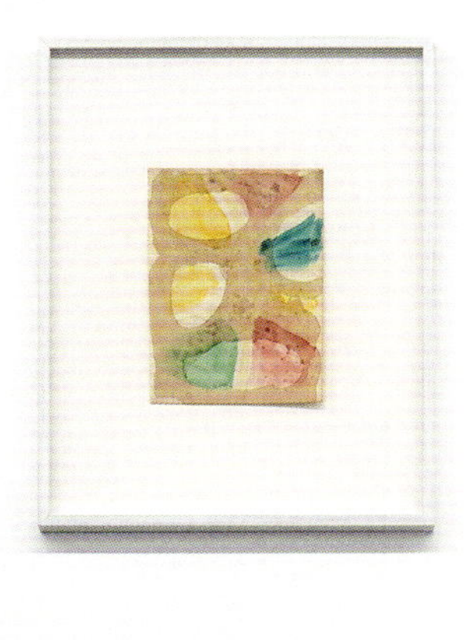
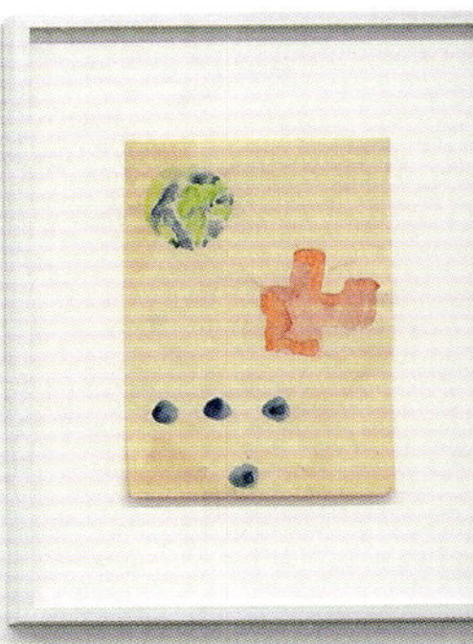

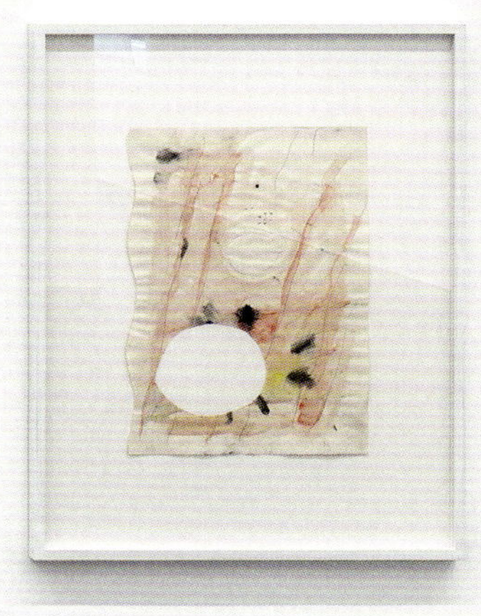

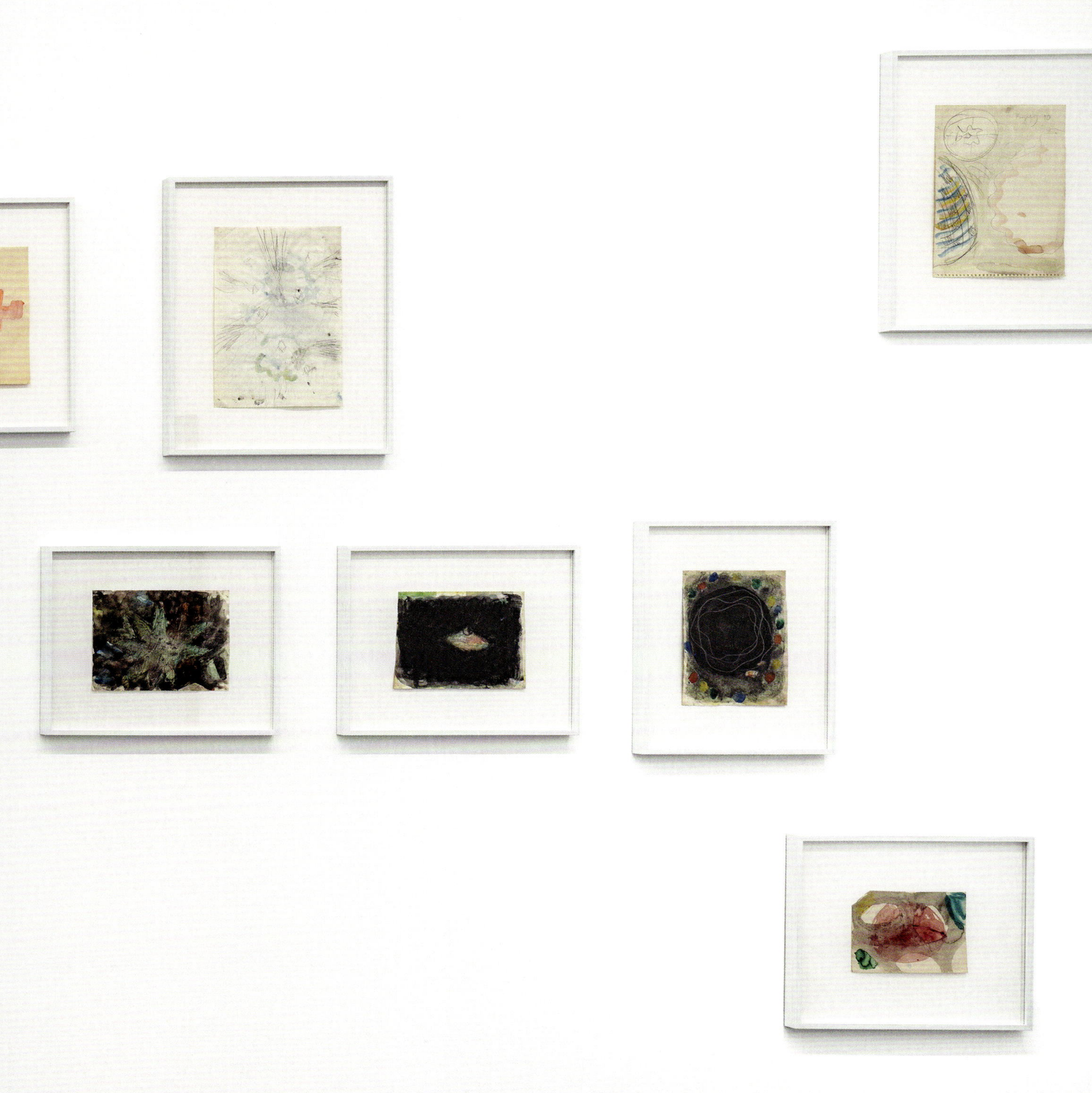

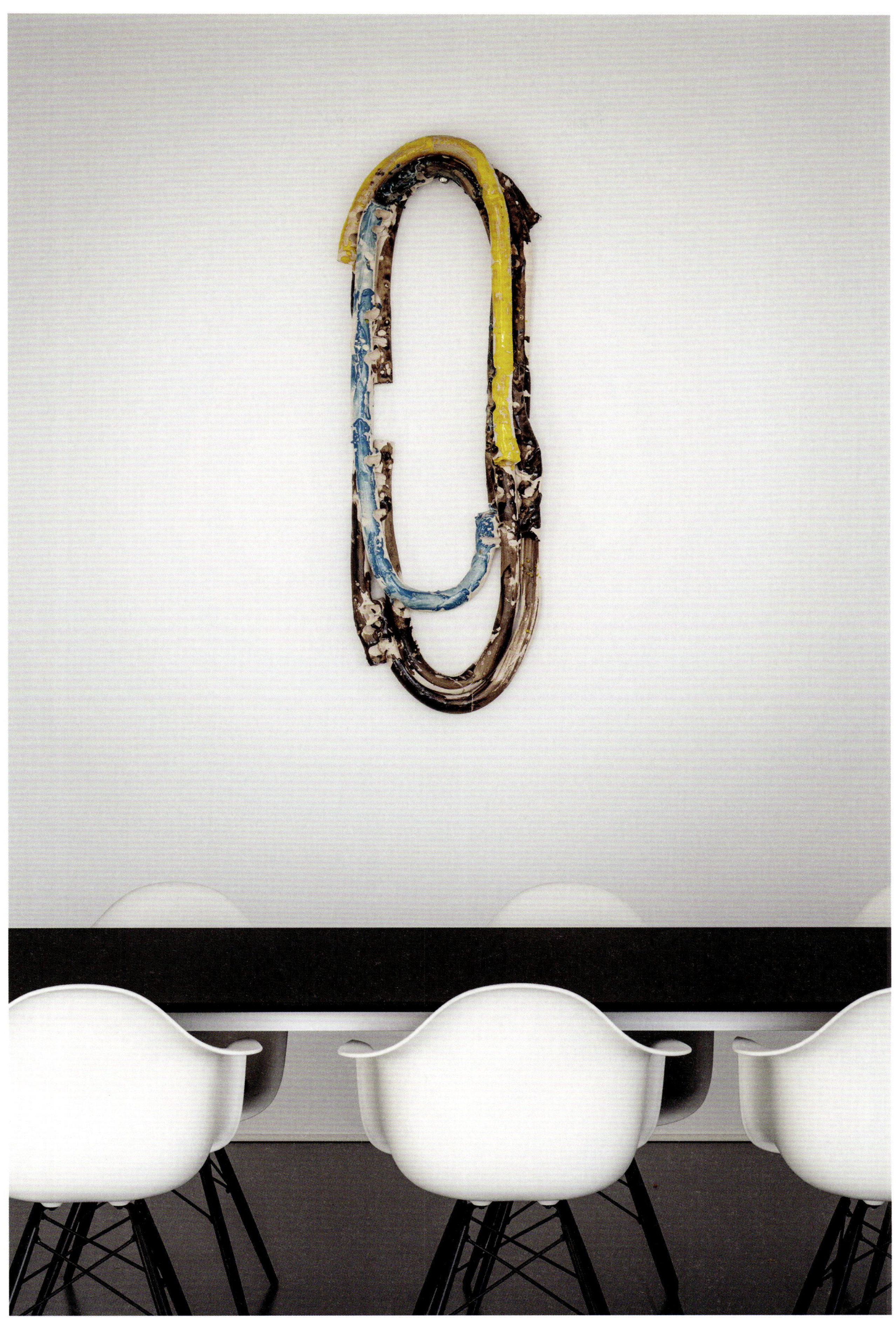

Gesellenstück Gold 0,585 mit 8 Turmalinen

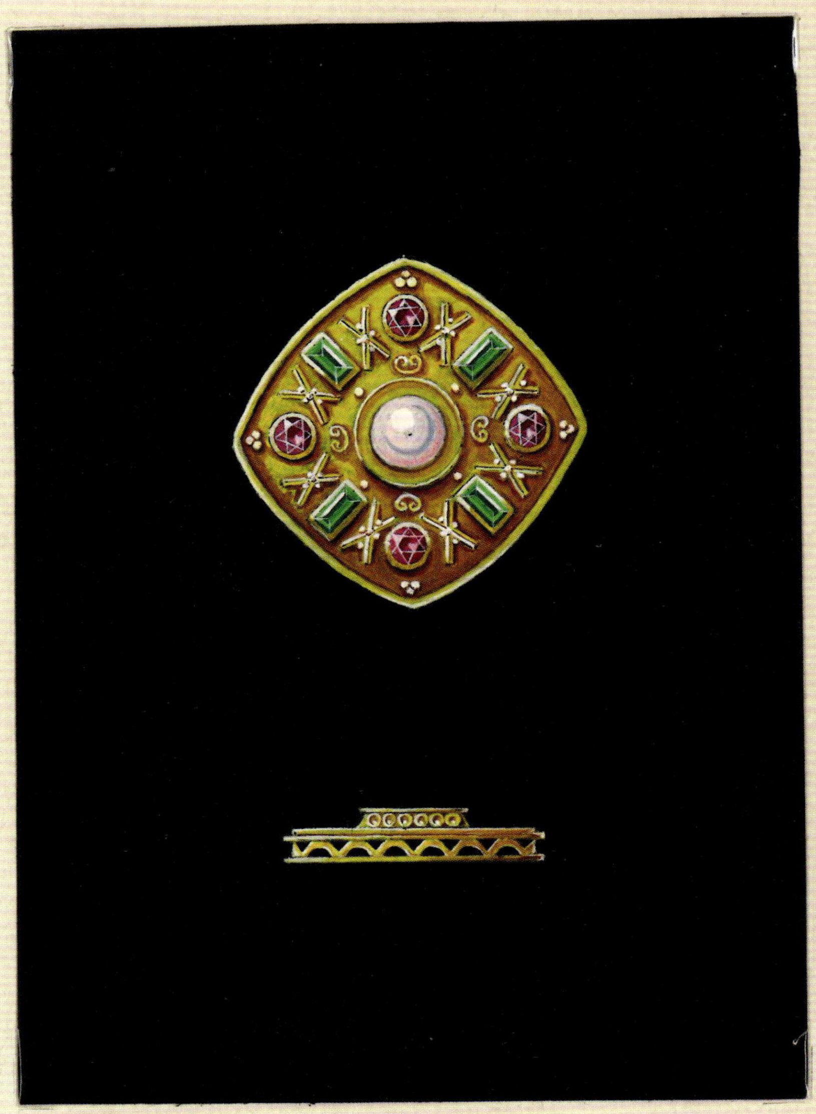

Unterschrift des Meisters: ______

[Norbert Prangenberg, Gesellenbuch 1963-1967]

„Gott als unentschlüsselbares Geheimnis?“

Zu den Zeichnungen von Norbert Prangenberg

von
MARKUS HEINZELMANN

Norbert Prangenberg hat im Rückblick das Jahr 1978 als denjenigen Moment in seiner Laufbahn beschrieben, in dem sein eigentliches künstlerisches Werk einsetzt. Im November 2004 resümiert er anlässlich der wenige Wochen zuvor eröffneten Retrospektive der Zeichnungen im Kaiser Wilhelm Museum in Krefeld: „Ich stelle fest, dass ich durch alle Jahre Köpfe gezeichnet habe. In ganz frühen Tagen auch Figuren Tiere Landschaften. Zahlen und Szenen. Aus dem Drang, frei zu sein, habe ich alles Erkennbare vermieden und bin [19]78 zu meiner Sicht der Kunst gekommen.“[1]

1978 – das ist das Jahr, in dem Prangenberg die ersten ungegenständlichen Zeichnungen anfertigt. Die Zeichnungen entstehen zumeist rasch und in großer Zahl, so dass man bisweilen von Serien sprechen kann. Das hohe Tempo, das im Zusammenhang mit der steten Wiederholung der immer gleichen Motive eine Art automatisches Schreiben gestattet, führt zu einer ausgesprochen dynamischen Bildauffassung. Trotzdem sind die Zeichnungen kompositorisch ausgewogen, weil fast immer ein deutlich identifizierbares geometrisches Motiv oder eine Motivgruppe den Ausgangspunkt und zugleich das Zentrum des Werkes bilden. Prangenberg selbst spricht von Sättigung: „Meine Arbeit endet immer dann, wenn ich das Gefühl habe, auch im geistigen Sinne, dass sie eine gewisse Masse hat, eine Ausstrahlung, die über das bloße Ding hinausgeht.“[2]

Zweifellos bilden die Zeichnungen das Zentrum des Werks von Norbert Prangenberg. Und das nicht nur, weil sie am Beginn seiner künstlerischen Tätigkeit stehen und ihn sein Leben lang begleiten, sondern vor allem weil er in ihnen die Experimente anstellt und die Formen findet, die wesentlich auf alle anderen Gattungen ausstrahlen.

Prangenberg verwendet einfache geometrische Formen wie Dreiecke, Kreise, Ovale und Quadrate, gerade, geschwungene und gezackte Linien, Wellenlinien und Spiralformen, Rhomben, Sechsecke, Kreuze und Keilformen. Nur selten belegt er diese Formen mit einer unmittelbar nachvollziehbaren, gegenständlichen Bedeutung: Rosen tauchen immer wieder auf, sei es als abstrahierte Aufsicht auf ihre Blüte oder in Anspielung auf die Rosetten mittelalterlicher Kirchenfenster. Martin Hentschel hat darauf hingewiesen, dass sich auch die anderen geometrischen Formen auf mittelalterliche Kunst, insbesondere Buchkunst, beziehen und symbolisch auf eine höhere Ordnung verweisen.[3]

Mit spürbarer Lust nutzt Prangenberg sämtliche Papierarten und -sorten, deren er habhaft wird. Das können klassische Zeichenpapiere sein, aber auch Millimeterpapier, Zeitungsseiten und Seiten aus Schreibheften. Er reißt sie häufig von Blöcken ab, so dass die fertigen Blätter die ausgerissene Perforation als narrativen Anteil des Bildes vorzeigen. Er durchlöchert und beschneidet sie, er reißt sie ein, wässert sie und schichtet sie in mehreren Lagen übereinander. Besonders gerne benutzt er Transparentpapier, bei dem seine Vorliebe zum beidseitigen Bearbeiten des Bildträgers eine besonders eindrucksvolle Wirkung erzielt. So scheint ein zweites Motiv aus dem Hintergrund auf und sei es nur eine nebelige Farbinsel, die das Geschehen auf der Vorderseite hinterfängt. Auch die Malmittel und Farben sind in höchstem Maße divers. Er benutzt Bleistift und Wasserfarben genauso wie Kohle, Pastellkreide oder Tusche. Sehr häufig gebraucht er Messer oder andere Hilfsmittel, um große Löcher, bisweilen auch Rechtecke oder – seltener – etwas stärker differenzierte Formen in das Blatt zu schneiden oder zu reißen. Diese Öffnungen verflüssigen die verschiedenen Räume: den Raum des Betrachters und des Bildes sowie den alle gemeinsam umgebenden Raum. Diese Lochungen fixieren aber auch, wie wir bei einem Blick auf das Werk Lucio Fontanas sehen werden, unmittelbar die Unendlichkeit.

Die beiden in diesem Katalog dokumentierten Serien – die überwiegend von einem schwarzen Grundton getragene Zeichenfolge aus den Jahren 1981 bis 1983 sowie die farbstärkeren Blätter aus der Zeit um 1990 – gehören zum Hauptwerk Norbert Prangenbergs. Den Blättern aus dem Jahr 1982 kommt darüber hinaus eine ganz besondere Bedeutung zu, weil sie im Zusammenhang mit dem Beitrag des Künstlers zur legendären, von Rudi Fuchs kuratierten Ausstellung *documenta 7* entstanden sind und teilweise auch dort gezeigt wurden.

Der erste Band des Ausstellungskataloges, in dem die 182 Künstler der *documenta 7* mit einem Überblick über ihr bisheriges Werk vorgestellt werden, gibt einen Hinweis auf die auffallende, schwarzbasierte Farbigkeit der Blätter: Prangenberg selbst hatte den drei auf einer Doppelseite abgebildeten Werken den Anfang der Prosafassung der *Hymnen an die Nacht* von Novalis zur Seite gestellt.[4]

> *Welcher Lebendige, Sinnbegabte, liebt nicht vor allen Wundererscheinungen des verbreiteten Raums um ihn das allerfreuliche Licht – mit seinen Farben, seinen Strahlen und Wogen; seiner milden Allgegenwart, als weckender Tag. Wie des Lebens innerste Seele atmet es der rastlosen Gestirne Riesenwelt, und schwimmt tanzend in seiner blauen Flut – atmet es der funkelnde, ewigruhende Stein, die sinnige, saugende Pflanze, und das wilde, brennende, vielgestaltete Tier – vor allen aber der herrliche Fremdling mit den sinnvollen Augen, dem schwebenden Gange, und den zartgeschlossenen, tonreichen Lippen. Wie ein König der irdischen Natur ruft es jede Kraft zu zahllosen Verwandlungen, knüpft und löst unendliche Bündnisse, hängt sein himmlisches Bild jedem irdischen Wesen um. – Seine Gegenwart allein offenbart die Wunderherrlichkeit der Reiche der Welt.*
> *Abwärts wend ich mich zu der heiligen, unaussprechlichen, geheimnisvollen Nacht. Fernab liegt die Welt – in eine tiefe Gruft versenkt – wüst und einsam ist ihre Stelle. In den Saiten der Brust weht tiefe Wehmut. In Tautropfen will ich hinuntersinken und mit der Asche mich vermischen.*[5]

Die Hinwendung zur „heiligen, unaussprechlichen, geheimnisvollen Nacht" bedeutete im Jahr 1982 für Norbert Prangenberg die Hinwendung zur Farbe Schwarz. Mit schwarzer Tusche oder schwarzer Wasserfarbe bemalt er zumeist vollflächig und sättigend das empfindliche Transparentpapier, das sich beim Trocknen zusammenzieht und ornamental wellt, so dass sich die Blätter in die dritte Dimension ausdehnen. Aus dem schwarzen Fond funkeln die Prangenbergschen Grundformen – hier fast ausschließlich Kreise und Rechtecke – wie bunte Diamanten oder schillerndes Perlmutt hervor. Gleichzeitig durchbrechen wiederum Kreise und Rechtecke die einzelnen Blätter als ausgesparte weiße Flächen oder als herausgeschnittene Bildöffnungen. Einige wenige Zeichnungen aus dem Zyklus zeigen neben schwarzen auch blaue Flächen und verweisen somit auf das entgegengesetzte Tageslicht „in seiner blauen Flut": ein geradezu dramatischer Kampf, bei dem der Mensch als „Fremdling" der Nachtseite zugeordnet ist und – wie die im documenta-Katalog nicht mehr zitierten folgenden Hymnen belegen – von der Sehnsucht nach dem Licht getragen wird. Tag und Nacht, Diesseits und Jenseits, Leben und Tod: Die *Hymnen an die Nacht* künden von der christlichen Heilslehre und rücken den Gedanken der Wiederauferstehung in ihr Zentrum.

Die Sympathie Prangenbergs für Novalis *Hymnen* hat ihren Grund nicht nur im gemeinsamen christlichen Glauben und der lyrischen Bild- beziehungsweise Textauffassung, sondern wird auch von anderen Faktoren bestimmt. Novalis Rede vom „herrlichen Fremdling" zum Beispiel findet sich bei Prangenberg wieder im Begriff des Seltsamen: „Meine Arbeit bezog ihre ‚Seltsamkeit' aus der Suche nach dem Leben", schreibt Prangenberg in sein Tagebuch.[6] Die Formen auf seinen Zeichnungen sind fremdartig und dabei doch „herrlich", kostbar. Sie zeigen bekannte geometrische Figuren und stellen sie doch verwunden, bisweilen geradezu entgleist dar; als hätte sich der Künstler auf die Suche nach ihnen begeben, als müsse er sie erst tastend umkreisen, um zu ihrem Kern zu gelangen, und würde doch jedes Mal scheitern. Es handelt sich um ein gelassenes, nahezu fröhliches Scheitern, das man als einen Motor des seriellen Charakters von Norbert Prangenbergs Zeichnungen betrachten kann. Das Ziel ist weder bei Novalis noch bei Prangenberg das perfekte Werk, sondern vielmehr das „Fragmentarische", so der zentrale Begriff für das Novalissche Schaffen.

Die Vorläufigkeit der Zeichnungen von Norbert Prangenberg wird transzendiert durch den Begriff der Schönheit: „Das ist etwas, das mich tief berührt. Das geht an die Wurzeln von menschlicher Existenz. Von daher ist es sicher auch in meiner Arbeit existent", äußert Prangenberg im Interview mit Barbara Weidle.[7]

Auf welchen Erfahrungen fußt dieser Sinn für Schönheit, der aus der Tiefe der schwarzen Zeichnungen des Jahres 1982 als funkelndes farbiges Licht heraufleuchtet? Einen wichtigen Einfluss bildet sicherlich die Lehre als Gold- und Silberschmied in den Jahren 1963 bis 1967 in der Kölner Werkstatt von Carl Kesseler. Im Nachlass finden sich noch das Gesellenbuch und darin die Fotografien der Gesellenstücke aus dem Jahr 1966.[8] Hier stößt man unvermittelt auf die Grundformen Quadrat, Rechteck, Kreis und Oval, und zwar als leuchtend grüne beziehungsweise rote Edelsteine aus der Turmalingruppe. Prangenberg hat jeweils acht der wertvollen Schmucksteine auf einer Fassung aus Gold montiert. War es in der Lehre noch das Gold, das die Steine umspielte, ist es im Jahr 1982 der schwarze Fond, der die inselhaft konzentrierten Farbkapseln fasst und ihre Lichtintensität steigert.

Doch noch ein zweiter, für den Künstler entscheidender Bezugspunkt für den schillernden, diamantenen Charakter der Zeichnungen liegt auf der Hand: Es sind die Ölgemälde von Lucio Fontana, in denen dieser Perforierungen der Leinwand und bunte Glasstücke nebeneinander verwendet. Das Glas fängt, bricht und spiegelt das Umgebungslicht und öffnet den Bildraum auf eine neue Weise, die den Perforierungen und Schnitten gleichwertig ist. Allerdings werden die gläsernen Scherben anders als die Schnitte vom Betrachter emotional gelesen. Sie beschäftigen seine Phantasie und verstricken ihn in ein Spiel mit Assoziationen und Erinnerungen. Fontana forciert dieses Gefühl, indem er manchen Glasscherbenbildern sprechende Bildtitel wie *La Luna a Venezia/Der Mond in Venedig* verleiht und damit weite Sehnsuchtsräume öffnet.[9]

Prangenberg lernt das Werk von Lucio Fontana (1899–1968) bei seinem Galeristen Karsten Greve kennen, der früh auch mit den weniger bekannten Gattungen im Werk Fontanas handelt, zum Beispiel der Keramik.[10] Prangenberg hat immer wieder betont: „Keramiken von Lucio Fontana sind entscheidend für mich gewesen, mit diesem Material zu arbeiten."[11] Doch wie sehr ihn das äußerst komplexe Werk des Argentiniers in seiner Gesamtheit geprägt hat, belegt auch der Blick auf die in der Öffentlichkeit seltener rezipierten Bereiche, etwa die *Teatrini,* die sogenannten „Puppentheater".

Die *Teatrini* entstehen in den Jahren 1964 bis 1966 und werden von Lucio Fontana als *Concetto spaziale, Teatrino* bezeichnet. Sie zählen also zu der großen Gruppe der *Raumkonzepte*, den durch Schnitte und Löcher in den Raum geöffneten Werken, als *Teatrini* bilden sie aber eine eigenständige, deutlich umrissene Untergruppe. Ihre Besonderheit liegt in dem Rahmen, der der jeweiligen Szenerie des Bildes wie eine Bühnenöffnung vorgelagert ist. Diese Rahmenleisten verwandeln also das Werk durch den Abstand zum Bildträger in eine Art Kasten. Sie sind vegetabil ornamentiert und werfen bei entsprechender Beleuchtung einen deutlichen Schlagschatten auf die eingefasste Leinwand, die wiederum vom Künstler bemalt und perforiert wurde.

Fontana hat sich für die *Teatrini* von der barocken Raumkunst inspirieren lassen, die den Raum als Gefäß der Illusion verstand. Im Barock gehen die Gattungen Malerei und Skulptur eine dramatische Verbindung ein: Häufig lässt sich nicht mehr unterscheiden, ob sich eine Figur – zum Beispiel ein Putto – ganz oder teilweise vom Bildgrund in den Raum erhebt oder ob der skulpturale Charakter nur durch geschickte Perspektivwahl vorgetäuscht wird. Ein entscheidendes Element ist dabei das Licht, das sich in barocken Kirchenräumen aus Tages- oder Kerzenlicht und gemaltem Licht untrennbar zusammensetzt. Durch das vielgestalte Licht wird der Raum in eine Bewegung versetzt, und das Theater beginnt.

Sowohl Prangenberg als auch Fontana nutzen also diese Löcher in den Bildgründen, um einen doppelten Effekt zu erzielen: Sie setzen im Zusammenspiel mit dem Umgebungslicht den gesamten Bildraum in Bewegung und involvieren ihre Betrachter in einer ungewöhnlichen, höchst theatralischen Weise in illusionistische Szenerien. Der Begriff des Theaters ist ja nicht zufällig gewählt. Wie Ursula Köhler anmerkt, hat der Begriff *Teatrino* im Italienischen, anders als im Deutschen, seine aus dem Barock stammende Bedeutung als *Schauplatz* bis heute beibehalten: Es ist der Platz des Betrachters, der durch die Bildöffnungen hindurch in die Unendlichkeit des Raumes blickt. „Ich loche, da kommt die Unendlichkeit von dort hindurch, da kommt Licht hindurch", charakterisiert Fontana seine Perforierungen der Leinwand.[12]

Die forcierte Theatralik ist ein entscheidendes Moment und eine besondere Qualität in den Zeichnungen Norbert Prangenbergs. Sie kommt als höchst bewegter Farb- und Lichtraum auch dort zum Tragen, wo die Bildgründe nicht durchstoßen sind. Prangenberg überträgt sie nahtlos auch auf andere Gattungen wie die Keramik. Dort sind es die dramatischen Gegensätze von Innen und Außen, die vor allem die großen liegenden *Figuren* kennzeichnen, und natürlich das diamantene Farbspiel der Glasuren. „Wichtig ist der Glanz der Glasur", berichtet der Künstler im Gespräch mit Heinz Thiel. „Sie verschiebt die Gewichte oder hebt sie auf. Die farbige Glasur hebt die gebrannte Erde mehr in die luftigen Regionen."[13]

Lucio Fontana war unter anderem ein gelernter Geometer, das heißt, ein Vermessungsingenieur, dessen Aufgabe es war, die sogenannte Erdfigur anhand von eingemessenen Punkten zu bestimmen. Diese Ausbildung kam ihm später bei der Produktion neuer Bildräume zugute. Prangenberg hingegen war ein gelernter Goldschmied, der die erfahrene Unermesslichkeit des Lichtes und Schönheit der Welt in seine Kunst einfließen ließ. Aber keiner war ein Handwerker in einem die Kunst ausschließenden Sinn. Man muss das immer wieder betonen, weil Prangenbergs Werk wiederholt für Polemiken gegen den Kunstbetrieb und seine diskursive Basis missbraucht wurde[14] – als habe er sich im Rheinland nicht in einem hoch entwickelten künstlerischen Umfeld bewegt, mit dem er sich intensiv auseinandersetzte und dem er sich permanent stellte. Als habe er nicht in Galerien und Museen ausgestellt und nicht am komplexen, internationalen Diskurs teilgenommen. Der Künstler selbst trug sicherlich wiederholt zu einer verkürzten Sicht auf sein Werk bei, indem er unterschiedliche Interpretationsansätze mehr oder weniger nachdrücklich zurückwies. Er war ein ausweichender Interviewpartner, der sich gerne auf technische Fragen zurückzog, wenn er nach Zusammenhängen und Bedeutungen gefragt wurde.

Hubertus Butin hat seinen *Anmerkungen zur Kunst und Karriere Blinky Palermos* einen unterhaltsamen Überblick über die Wortfindungsschwierigkeiten seiner Apologeten vorangestellt. Sie reichen von „in Worten nicht beschreibbar, weil nur sinnlich erlebbare" Kunst (Karin Thomas) über „in ihrer Subtilität sprachlich kaum wiederzugeben" (Klaus Schrenk) bis zu der Behauptung Laszlo Glozers, dass „Palermos Bilder den Worten widerstehen". Zusammengefasst: „Die Angst vor den Worten ist der Respekt vor dem Werk" (Glozer). Butin selbst schließt sich den wohltuenden Worten von Johannes Meinhardt an, der dagegen feststellt: „Das Auratische und Poetische in Palermos Werk ist nicht eine sprachlose und nichtanalysierbare mythische Qualität, sondern eine Wirkung stringenter immanenter Reflexivität des Werkes, die erfahren und sprachlich artikuliert werden kann."[15]

Dieser Rekurs ist umso erhellender, als sich Norbert Prangenberg neben seinen beiden Fixsternen Lucio Fontana und Joseph Beuys unermüdlich auch auf die Bedeutung von Palermos Werk für sein eigenes Schaffen berufen hat. In der Beschäftigung mit dessen Arbeit fand Prangenberg den Mut, sein Formenvokabular auf einige wenige Elemente zu reduzieren. Genauso wie Palermo setzte er sich mit der amerikanischen Farbfeldmalerei auseinander, die beide Künstler von der Notwendigkeit entlastete, ein ausuferndes mythologisches Referenzsystem zu entwickeln. Für Palermo war dieser Schritt noch bedeutsamer, vertrat doch sein Lehrer Joseph Beuys die eigene Mythologie geradezu messianisch. Alle drei, Palermo, Beuys und Prangenberg, eint im Übrigen der für die Zeit eher untypisch hohe Stellenwert der Zeichnung in ihrem Œuvre.

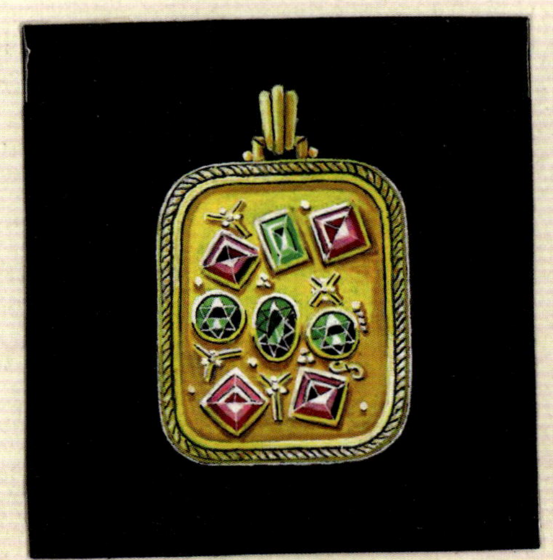

Köln, den 20.9.66
Geprüft: F. Keller

Unterschrift des Meisters: H. Dienst.

[Norbert Prangenberg, Gesellenbuch 1963-1967]

Woran aber lässt sich nun die herausragende Bedeutung von Joseph Beuys für Norbert Prangenberg ablesen, die der Künstler stets so sehr betont hat? Auf den ersten Blick treten beide Künstler geradezu wie Antipoden auf: hier der extrovertierte, politische und politisierende Beuys, dort der in sich ruhende, christlich-religiöse Prangenberg, der dem Kaiser gibt, was des Kaisers ist. Hier der Beuys, dessen Referenzsysteme von einer unermesslichen Fülle und Querbezogenheit leben, in dessen Welt alles mit allem verbunden ist; dort der skrupulöse Prangenberg, der sich vor Zuordnungen fürchtet und in seinem Tagebuch notiert:

> *Thema + Nicht Thema. Wo ist der Unterschied zur geom[etrischen] Form oder Linie?*
> *Das Thema nagelt Bedeutung fest! Ich bin somit im Netz von Bedeutung und Symbol – Realität etc. Stört das? Schränkt das ein? Verliere ich Freiheit? Oder präzisiert das?*
> *Geht es [das Thema] näher an das Leben? Nein! Nein! Nein! Nur scheinbar!*
> *Was verliere ich? Was gewinne ich? Ich muß Natur – Ornament – Figur sublimieren und transformieren auf eine Ebene von Freiheit (Himmel).*[16]

Das Thema nagelt Bedeutung fest! Hier liegt der entscheidende Grund, wieso viele Künstler sich einer Übersetzung ihres Werks in Worte widersetzen. Wieso sie wie Norbert Prangenberg Bildtitel verweigern oder im Gespräch spezifischen Sichtweisen wiedersprechen. Denn wenn sie eine Sichtweise beglaubigen, zerstören sie dadurch die vielen anderen reichhaltigen Bezüge, Ebenen und Perspektiven ihres Werks. Sie verlieren ihre Freiheit.

Doch öffnet das Tagebuchzitat auch den Blick auf die Gemeinsamkeit zwischen Beuys und Prangenberg: das Interesse an der Sublimation von Natur, Kunst (Ornament) und Mensch (Figur). In der Physik ist die Sublimation – oder auch Sublimierung – die Überführung eines Feststoffes in seinen gasförmigen Zustand und im besonderen wie im übertragenen Sinn der Prozess der Verfeinerung beziehungsweise Veredelung (von lat. sublimare, emporheben, in die Höhe heben). Weiter oben nannte Prangenberg die keramische Glasur als ein Beispiel für Sublimation: Die farbige Glasur hebe „die gebrannte Erde mehr in die luftigen Regionen."[17]

Beuys ist ein Künstler, der verwandelt, was er thematisiert. Dabei strebt er stets nach der Veredelung der Kunst, der Gesellschaft, vor allem aber der Prozesse, die sie miteinander verbinden. Beuys ist ein Transformator, der nach Energien sucht, die er verwenden oder lenken kann. Die Zeichnung nimmt eine so wichtige Stellung in seinem Werk ein, weil die Linie für ihn über ein großes energetisches Potenzial verfügt: „Konkret geht es um die Linie als Darsteller, Träger und Vermittler von energetischen Prozessen, die Beuys ab Mitte der 1950er Jahre in seinen Zeichnungen thematisierte", schreibt Barbara Strieder in ihrer Untersuchung zum zeichnerischen Vokabular von Joseph Beuys.[18]

Energie bedeutet Wärme, und daher sei noch einmal an die *Hasenschmelzaktion* von Joseph Beuys erinnert, die er im Jahr 1982 zu jener *documenta 7* aufführte, an der er und Prangenberg gemeinsam teilnahmen. Für ihre Durchführung ließ er einen Ziegelofen vor dem *Museum Fridericianum* bauen. In diesem Ofen schmolz er eine getreue Nachbildung der Zarenkrone Iwans des Schrecklichen ein und verwendete das flüssige Gold, um daraus einen *Friedenshasen mit Sonnenkugel* zu gießen. Beuys hatte die Aktion als einen alchemistischen Prozess angelegt: „Der Hase ist im übrigen immer (…) auch in der alten Alchemie ein Zeichen für die Wandlung, für die Transformation, und deswegen war es für die mittelalterliche Wissenschaft ein Zeichen der Chemie, weil sie unter der Chemie, unter der Alchemie die Transformation und die Wandlung des Geistes verstanden haben." Und „die Idee der Alchemisten war doch, das Gold im Innern zu wandeln. Das Herzorgan, das Zentralorgan, die Sonne auf die Erde zu holen, das ist die Grundidee."[19]

Norbert Prangenberg hat das Handwerk des Alchemisten von Grund auf erlernt. Als Goldschmied beschäftigte er sich bereits in jungen Jahren intensiv mit dem Stoff, der im Weltbild der Alchemisten als die edelste Substanz fungiert und dessen Erzeugung ihre ganze Kraft galt. Die Alchemisten nennen die Verwandlung unedler Metalle in Gold Transmutation (Stoffwandel), was dem physikalischen Begriff der Sublimation entspricht. Als Instrument für diese Umwandlung diente der Stein der Weisen, der übrigens kein Stein, sondern ein roter Festkörper oder ein rotes Pulver war. Das belegt die Herkunft der Alchemie aus der griechisch-ägyptischen Färbekunst, und so nimmt es nicht Wunder, dass die Alchemie und die Bildende Kunst von Beginn an ein enges Verhältnis pflegten. Die Farbpigmente und mehr noch die Erfindung der Ölmalerei mit ihren Bindemitteln, Lasuren und so weiter galten als Produkte der Alchemie. Die Alchemie wurde den sogenannten Feuerkünsten zugerechnet, die nicht etwa als obskur galten. Sie erhielten an den Höfen Europas vielmehr umfangreiche Werkstätten mit Öfen und Gießereien, etwa am Hof Rudolf II. in Prag sowie in den Uffizien und dem Casino di San Marco in Florenz, die beide von Francesco I. de' Medici Ende des 16. Jahrhunderts begründet wurden. Hier wurde unter anderem Glas geblasen und Porzellan hergestellt, beides übrigens Materialien der Transmutation wie Edelsteine, Gold, Silber, Pigmente, Medikamente und sogar Explosivstoffe wie Schießpulver und Feuerwerke.

Die Alchemie war eine Wissenschaft, die das experimentelle Handwerk in ihren Mittelpunkt stellte. „Über Jahrtausende, bis zur frühen Neuzeit, sahen sich die Alchemisten in der Rolle, natürliche Abläufe zu verbessern und Stoffe zu erzeugen, die die Natur womöglich selbst hervorgebracht hätte, wenn sie nicht durch zufällige, widrige Umstände an ihrer Vollendung gehindert worden wäre.“[20]

Als Keramiker – und natürlich auch als Zeichner, der die Räume verflüssigt und die Unendlichkeit fixiert – bewegte sich Prangenberg gleichsam im Herzen des alchemistischen Prozesses. Und wenn man sich vor Augen hält, wie er ohne jede Vorbildung mit Niels Dietrich zusammen die ersten großen Brennöfen entwickelte und gleichsam auf dem Wege des Experiments schrittweise sein keramisches Wissen aufbaute, hätte er den Respekt eines jeden Alchemisten verdient. Doch obgleich Martin Hentschel bereits 1989 eine lockere Verbindung zur Alchemie herstellte[21] und Prangenberg die alchemistische Praxis im Jahr 1982 auf der *documenta* durch die Aktionen von Joseph Beuys aus der Nähe kennengelernt hatte, wies er im Interview mit Barbara Weidle im Jahr 2000 diesen Bezug zurück: „Der Alchemist hat etwas von einem Zauberer, so sehe ich mich nicht. Ich bin schon auch ein Arbeiter. Wenn man sagt, man will etwas machen, was es vorher nicht gab, ich will etwas herstellen, was eine Qualität hat, ich will versuchen, so eine Masse herzustellen, die wirksam ist, die Kraft hat, eine Ausstrahlung hat, eine Schönheit hat.“ [Weidle:] „Wie Gold.“ [Prangenberg:] „Wenn man so will, wie Gold. Wobei Gold diesen fast göttlichen Anspruch hat, und der trifft aus vielerlei Gründen nicht zu.“[22]

Liest man diese Passage mehrfach vor und zurück, dann versteht man, dass sich Prangenberg offenbar nicht nur mit dem Bild des Alchemisten intensiv auseinandergesetzt hat, sondern sich mit dem Gedanken des Wandlers durchaus identifizieren kann. Was ihn stört, ist das häretische Potenzial der Alchemie, das sowohl im Bild des Zauberers als auch in der Zurückweisung des „fast göttlichen“ Anspruchs der Goldmacherei zum Ausdruck kommt. Doch Prangenberg war viel zu belesen und zu orientiert, um nicht zu wissen, dass die Alchemie erst durch ihre okkultistische Wiederbelebung in der zweiten Hälfte des 19. Jahrhunderts in England so rüde wie ahistorisch ihrer engen christlichen Rückbindung beraubt wurde.[23]

Womöglich tritt hier tatsächlich ein tiefes Dilemma von Prangenberg zutage, denn das Werk seines bewunderten Kollegen Beuys knüpft genau dort an: an der okkultistischen Umdeutung, die die Alchemie als eine Wissenschaft sieht, die nicht mehr auf die Verwandlung der Materie zielt, sondern auf die Veränderung des Menschen. Die Okkultisten wollten den Menschen mit Hilfe der Alchemie zu einem höheren Wesen erheben. Dies war auch das Beuyssche Anliegen seit dem Ende der 1970er Jahre, und genau hier verläuft eine scharfe Trennlinie zwischen den beiden Künstlern, die Prangenberg zum Widerspruch nötigte.

Das Bild des Feuerphilosophen, wie die Alchemisten im 17. Jahrhundert auch genannt wurden, ist also durchaus hilfreich bei der Betrachtung des Werks von Norbert Prangenberg. Aber das trifft eher in einem handwerklichen, dem Werk dienenden Sinn als im weltanschaulichen, dem Werk vorgelagerten Sinn zu. „Die Natur nimmt den Zeichner an die Hand“, beschreibt Prangenberg sein künstlerisches Verfahren. Das entspricht der Idee des Findens, das die klassische Alchemie prägt. Darüber steht „Gott als unentschlüsselbares Geheimnis?“, wie ein kleines Blatt in den Tagebüchern mit rätselhaften Kreisen, Dreiecken, Rauten und Quadraten, die von geraden und geschlängelten Linien umspielt werden, unterschrieben ist.[24] Es stammt aus der Zeit um 1978/1979. Als wollte Prangenberg sein Formenvokabular gleich zu Beginn seiner künstlerischen Karriere in einen übergeordneten Zusammenhang setzen, der eine spirituelle, nicht aber okkultistische Lesart umreißt.

1. Tagebucheintrag Wien, November 2004, Nachlass Norbert Prangenberg, Rommerskirchen.

2. Barbara Weidle: Gespräch mit Norbert Prangenberg am 9. August 2000 auf dem Hermeshof, in: *Die Wurzel. Skulpturen auf dem Hermeshof,* Ausst.-Kat., Bonn 2000, S. 48–53, hier: S. 49.

3. Martin Hentschel: Norbert Prangenberg, in: *Das Abenteuer unserer Sammlung I und II,* Ausst.-Kat., Kunstmuseen Krefeld 2016/2017, S. 222.

4. documenta 7, Bd. 1, Ausst.-Kat., Kassel 1982, S. 350–351. Das Novalis-Zitat steht auf S. 351.

5. Da sich in das Zitat des *documenta*-Katalogs leichte Stellungsfehler eingeschlichen haben, wird hier zitiert nach Novalis: *Gesammelte Werke*, erweiterte Ausgabe, Altomünster 2012, darin: Novalis, Hymnen an die Nacht, S. 237–247, Zitat: S. 237.

6. Tagebucheintrag Kaiserslautern, Weihnachten 2004, Nachlass Norbert Prangenberg, Rommerskirchen.

7. Barbara Weidle: Gespräch mit Norbert Prangenberg, wie Anm. 2, hier: S. 52.

8. Norbert Prangenberg, Gesellenbuch 1963–1967, Nachlass Norbert Prangenberg, Rommerskirchen.

9. Lucio Fontana: La Luna a Venezia, 1961, Öl auf Leinwand, Glasstücke, Perforierungen, 150 x 150 cm, Gallerie d'Italia, Mailand, WKVZ 61 O 45, abgebildet in: *Lucio Fontana,* Ausst.-Kat., Staatsgemäldesammlungen, Staatsgalerie Moderner Kunst München, 1983–1984 und Mathildenhöhe Darmstadt 1984, S. 97.

10. Vgl. hierzu Markus Heinzelmann: Keramische Konzepte, in: *Keramische Räume. Lucio Fontana, Norbert Prangenberg, Thomas Schütte, Rosemarie Trockel, Markus Karstieß,* Ausst.-Kat., Museum Morsbroich, Leverkusen 2014, S. 17–26.

11. Norbert Prangenberg: Es ist mir nie eingefallen, eine Skulptur zu bemalen. Ein Statement von Norbert Prangenberg, aufgezeichnet nach einem Gespräch mit Heinz Thiel, in: *Worum geht's? Ausstellung in fünf Sequenzen. Künstlerische Positionen 1000 Jahre nach Bernward von Hildesheim,* Ausst.-Kat., Roemer-Museum Hildesheim 1993, S. 53.

12. Ursula Köhler: Concetti spaziali, Teatrini oder: Das Tafelbild als Drama von Fläche, Raum und Zeit, in: *Der unbekannte Fontana,* Ausst.-Kat., Städtische Galerie Villingen-Schwenningen 2003, S. 31–36, hier: S. 33.

13. Norbert Prangenberg: Es ist mir nie eingefallen, eine Skulptur zu bemalen, wie Anm. 11.

14. Insbesondere die Texte von Walter Grasskamp, Die Aushändigung von Farbe (2010) und Rolf Steiner, Aufbruch für immer (2014), überbetonen den handwerklichen Aspekt und die vermeintliche Diskursfeindlichkeit Prangenbergs. Walter Grasskamp, Die Aushändigung von Farbe, in: *Norbert Prangenberg – Paintings,* Ausst.-Kat., Betty Cunningham Gallery, New York 2010, S. 22–36. Rolf Steiner, Aufbruch für immer, in: *Norbert Prangenberg. Zeichnungen und Keramiken*, Ausst.-Kat., Kulturzentrum Sinsteden, Rhein-Kreis Neuss 2014, S. 6–25.

15. Hubertus Butin: Anmerkungen zur Kunst und Karriere Blinky Palermos, in: *sediment. Mitteilungen zur Geschichte des Kunsthandels,* hg. v. Zentralarchiv des internationalen Kunsthandels ZADIK, Heft 15, 2008, S. 11–40; alle Zitate: S. 11.

16. Wie Anm. 1. Ergänzungen des Verfassers in eckigen Klammern.

17. Norbert Prangenberg: Es ist mir nie eingefallen, eine Skulptur zu bemalen, wie Anm. 11.

18. Barbara Strieder: Die Linien der Energie, die Energie der Linien. Zum zeichnerischen Vokabular von Joseph Beuys, in: Beuys: *Energieplan. Zeichnungen aus dem Museum Schloss Moyland,* Ausst.-Kat., Museum Schloss Moyland, Bedburg-Hau 2010, S. 189–201, hier: S. 189.

19. Joseph Beuys im Gespräch mit Theo Altenberg, 1982, in: Veit Loers und Pia Witzmann (Hg.): *Joseph Beuys: documenta-Arbeit,* Ausst.-Kat., Museum Fridericianum, Kassel 1993, S. 265, hier zitiert nach: *BEUYS. Die Revolution sind wir,* Ausst.-Kat., Nationalgalerie im Hamburger Bahnhof – Museum für Gegenwart, Berlin 2008, S. 251.

20. William R. Newman: Gotteshandwerk. Nachahmung und Neuschöpfung der Natur, in: *Kunst und Alchemie. Das Geheimnis der Verwandlung,* Ausst.-Kat., Stiftung Museum Kunstpalast, Düsseldorf 2014, S. 116–122, hier: S. 122.

21. Martin Hentschel: In meinem Innern bin ich Feuer, in: *Norbert Prangenberg. Plastische Arbeiten, Sculptures,* Ausst.-Kat., Galerie Karsten Greve, Köln 1989, S. 5–10, hier: S. 5.

22. Barbara Weidle: Gespräch mit Norbert Prangenberg, wie Anm. 2, S. 51.

23. Lawrence M. Principe: Eine praktische Wissenschaft. Die Geschichte der Alchemie, in: *Kunst und Alchemie,* Ausst.-Kat., wie Anm. 20, S. 20–32, hier: S. 32.

24. Tagebucheintrag um 1978/1979, Nachlass Norbert Prangenberg, Rommerskirchen.

Arbeiten auf Papier

Auswahl aus
Zeichnungen ca. 1981–1992

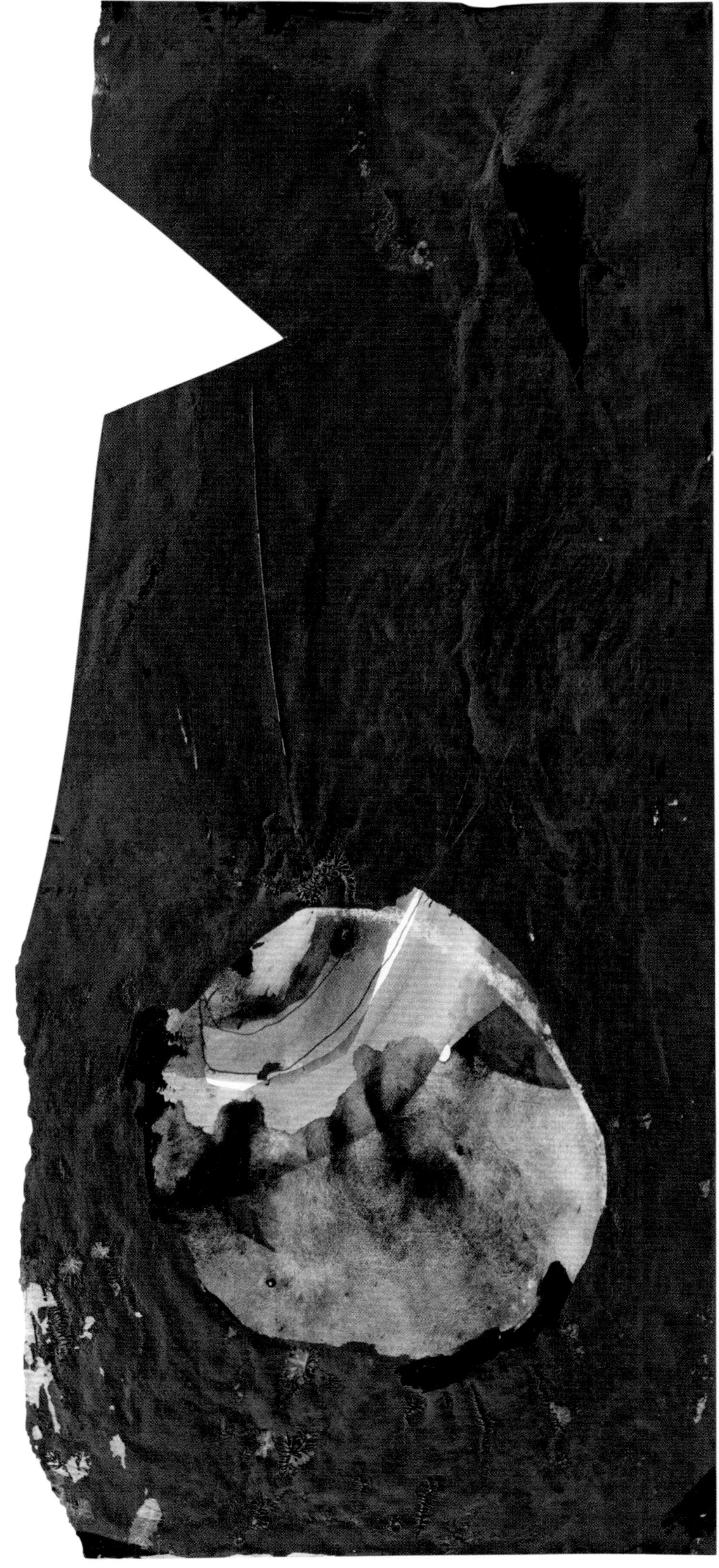

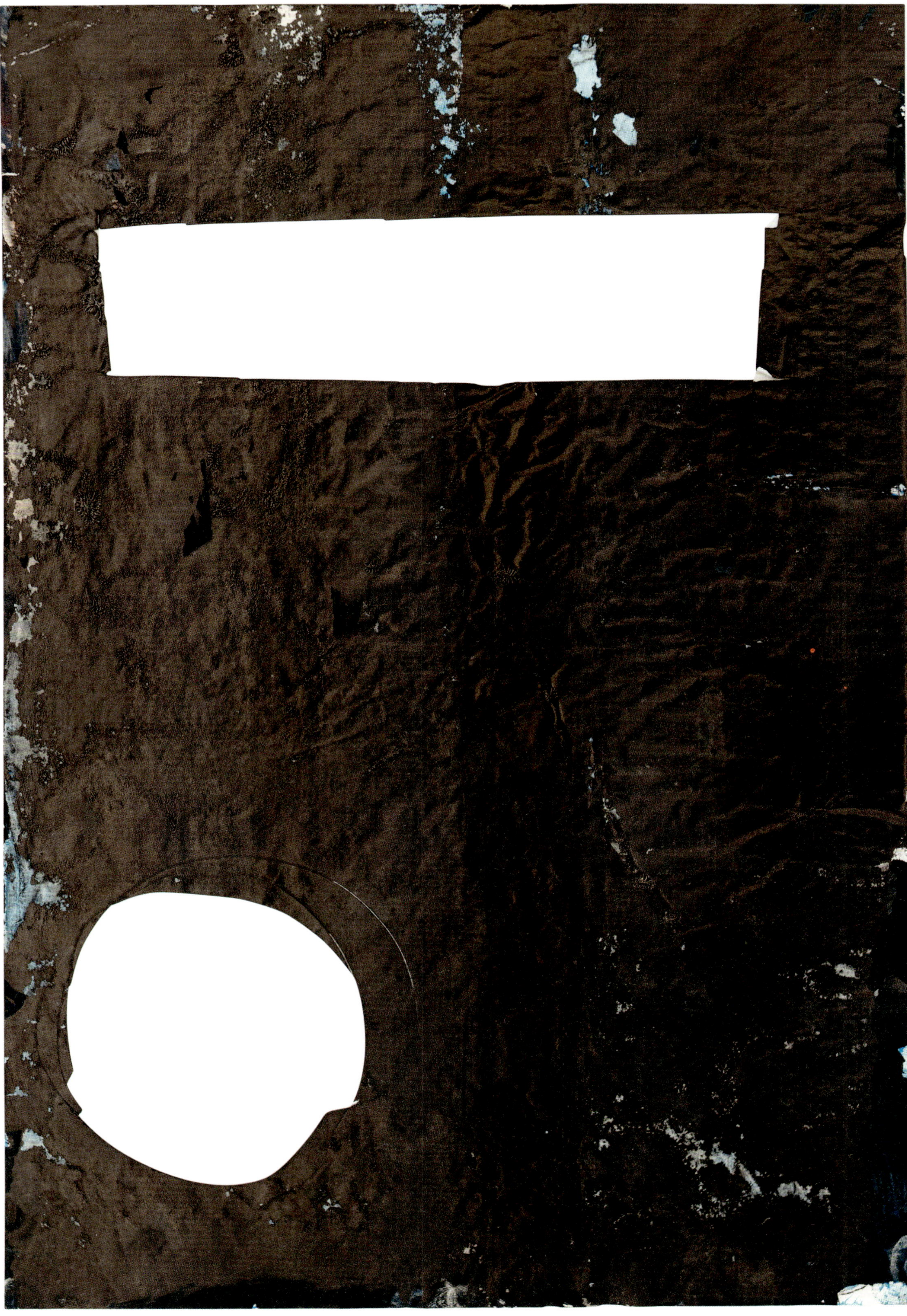

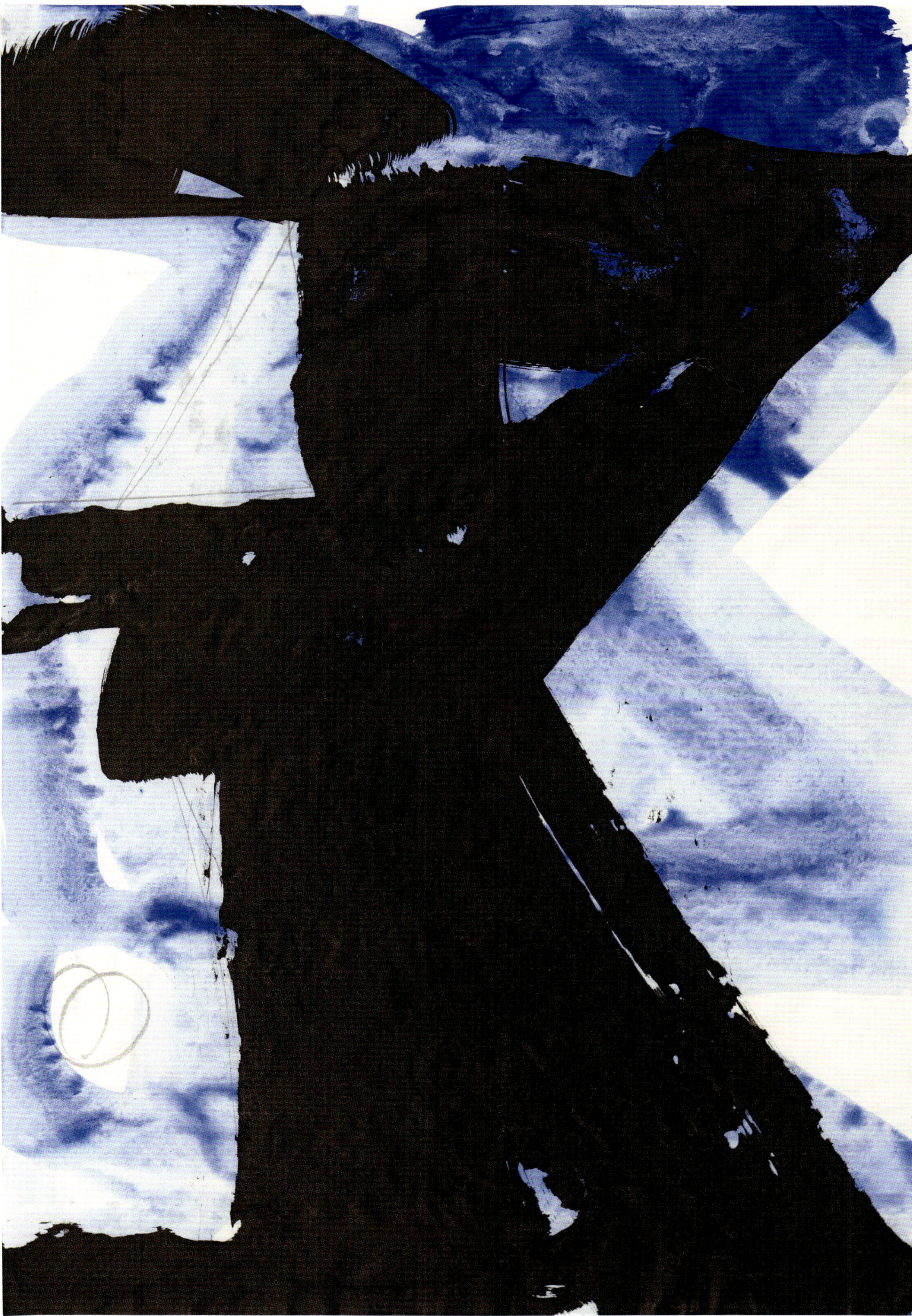

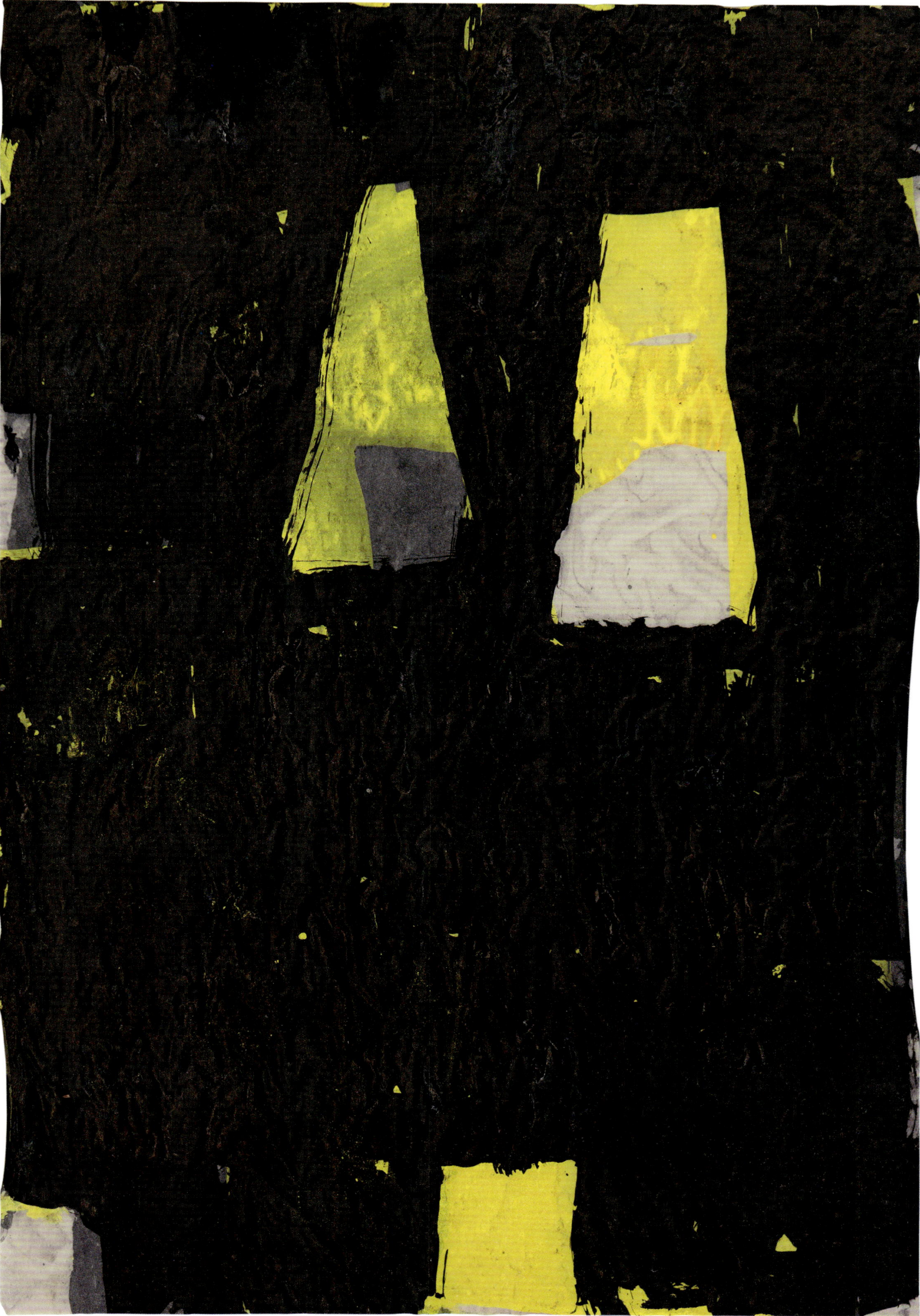

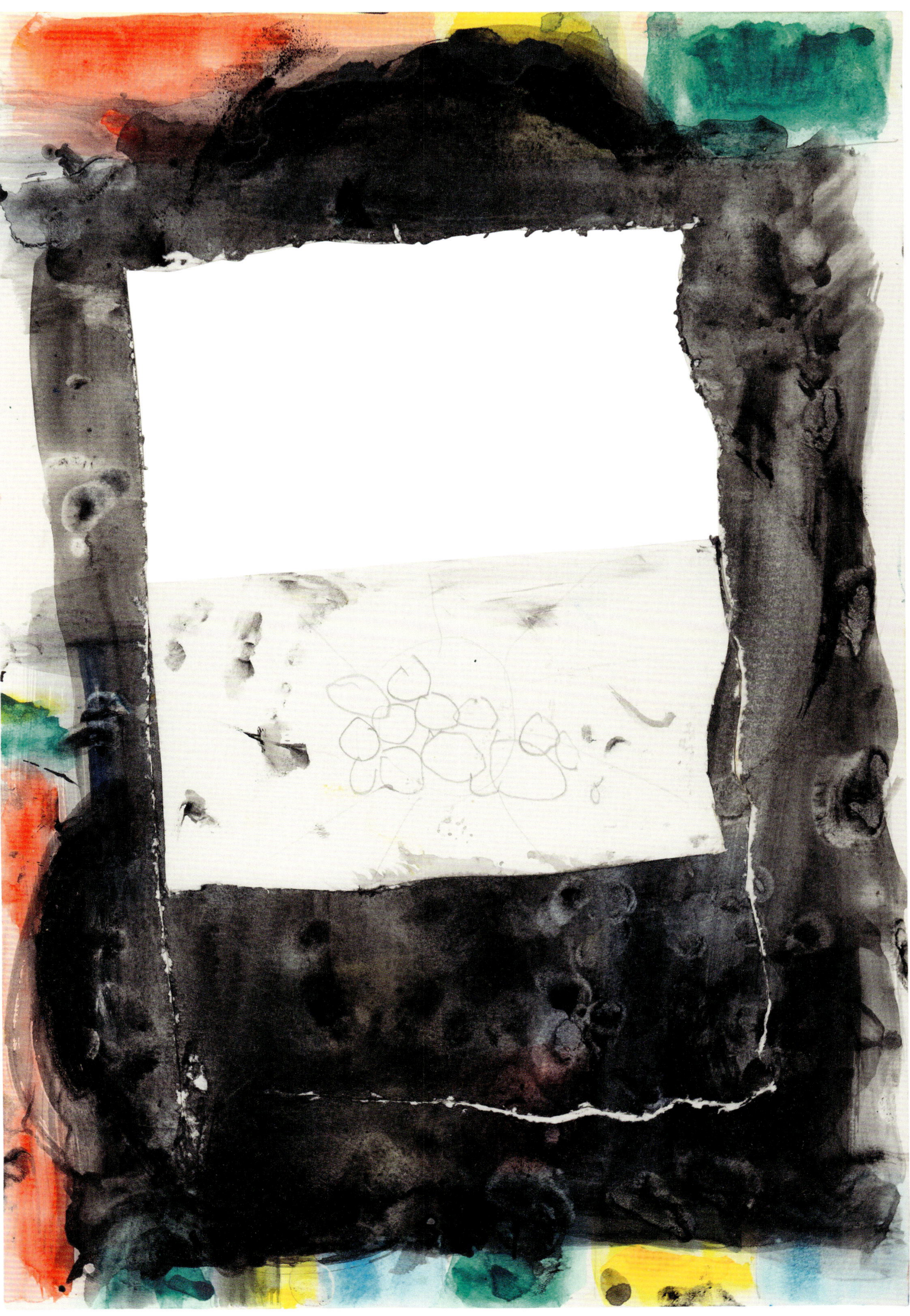

[illegible]see 90

[illegible]

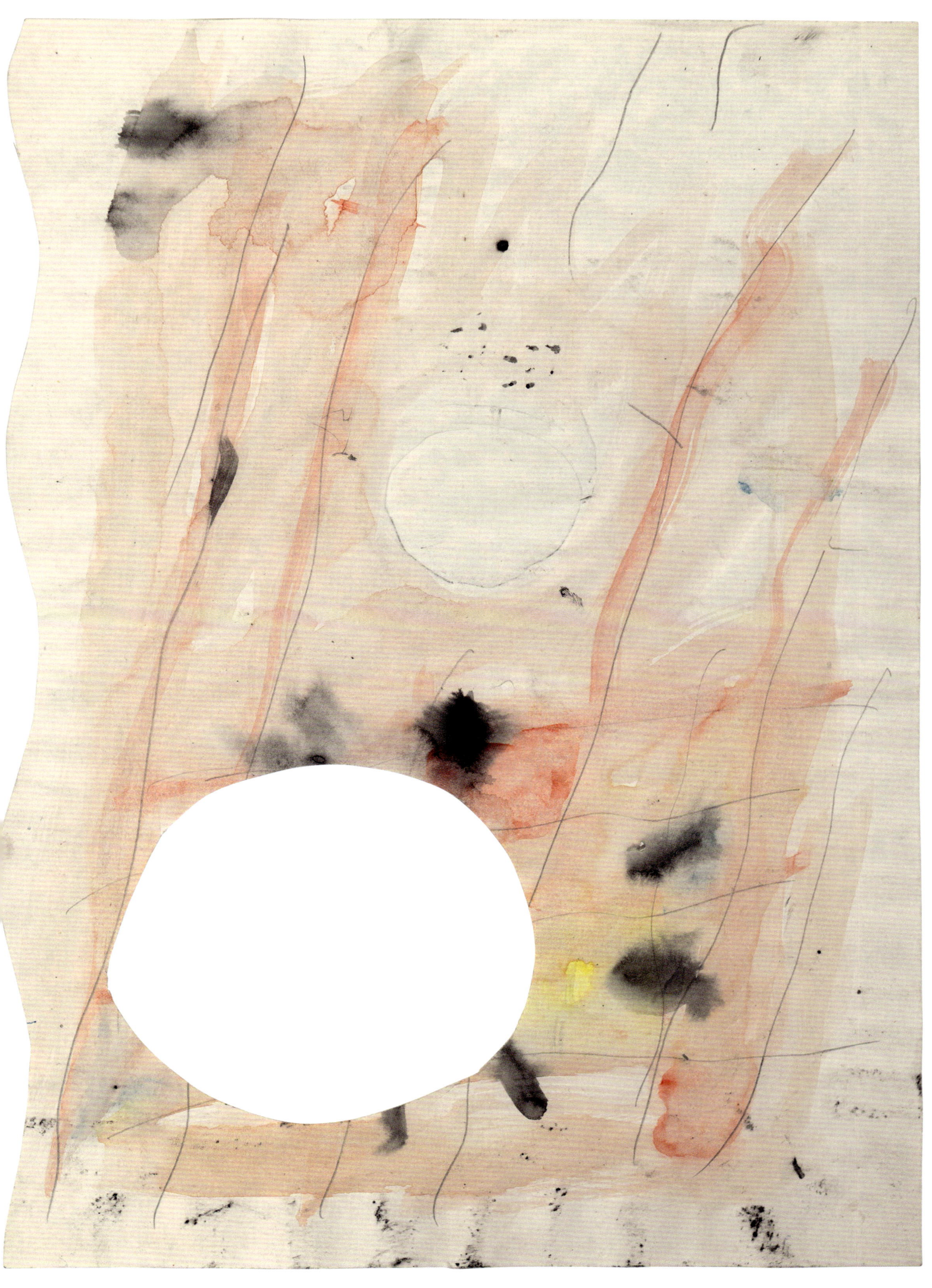

wmit praybz

ainllez

90

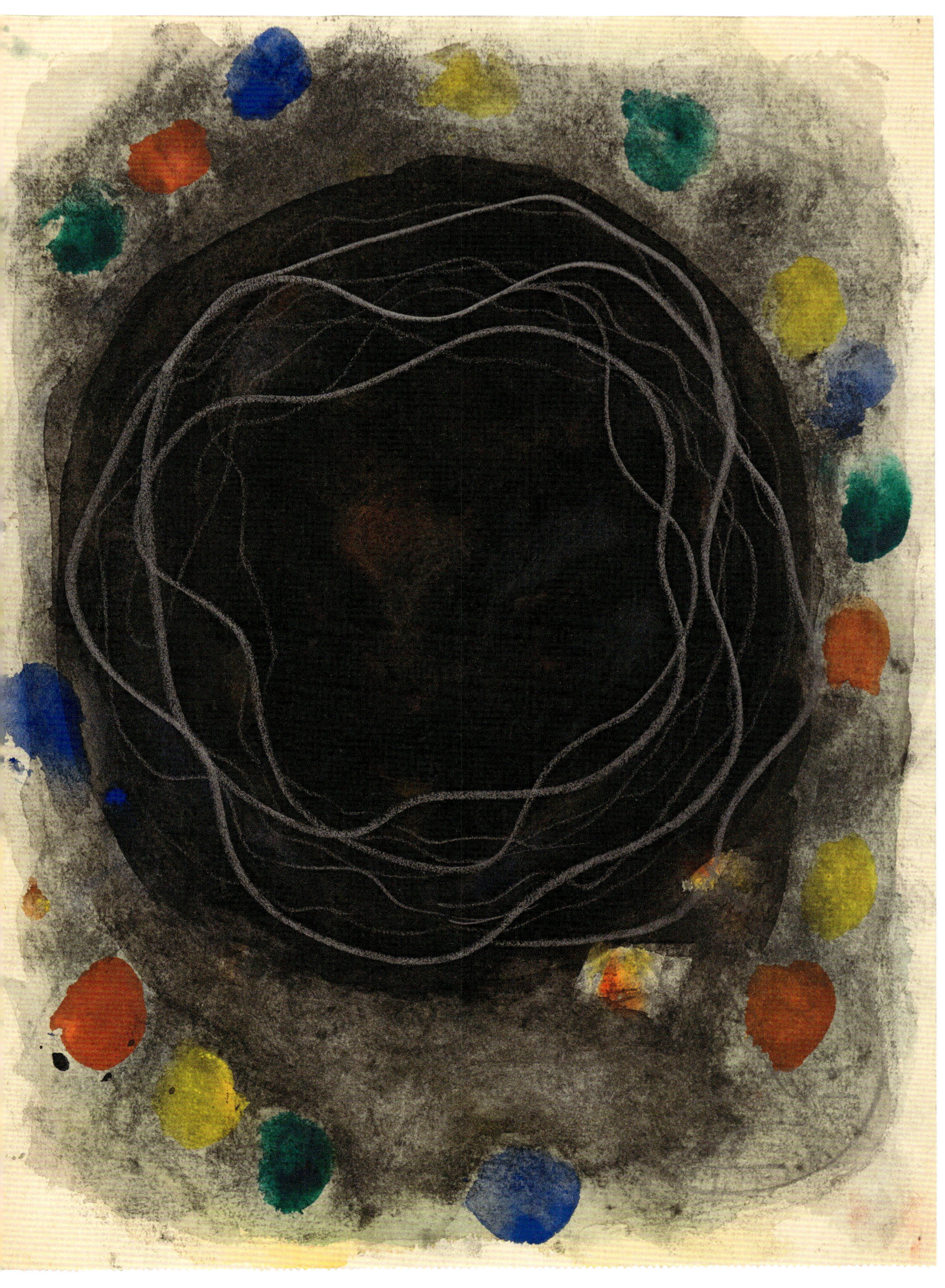

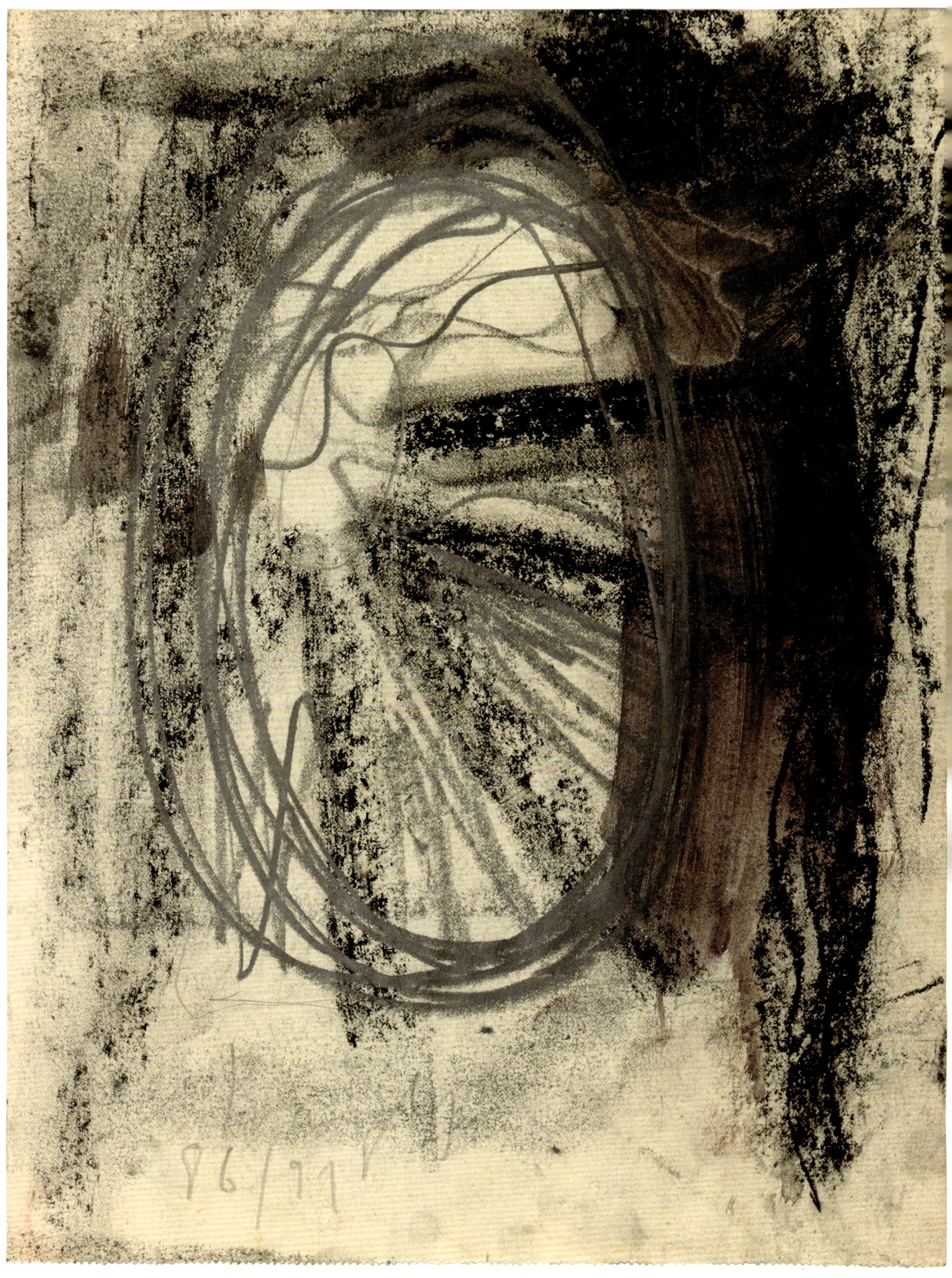

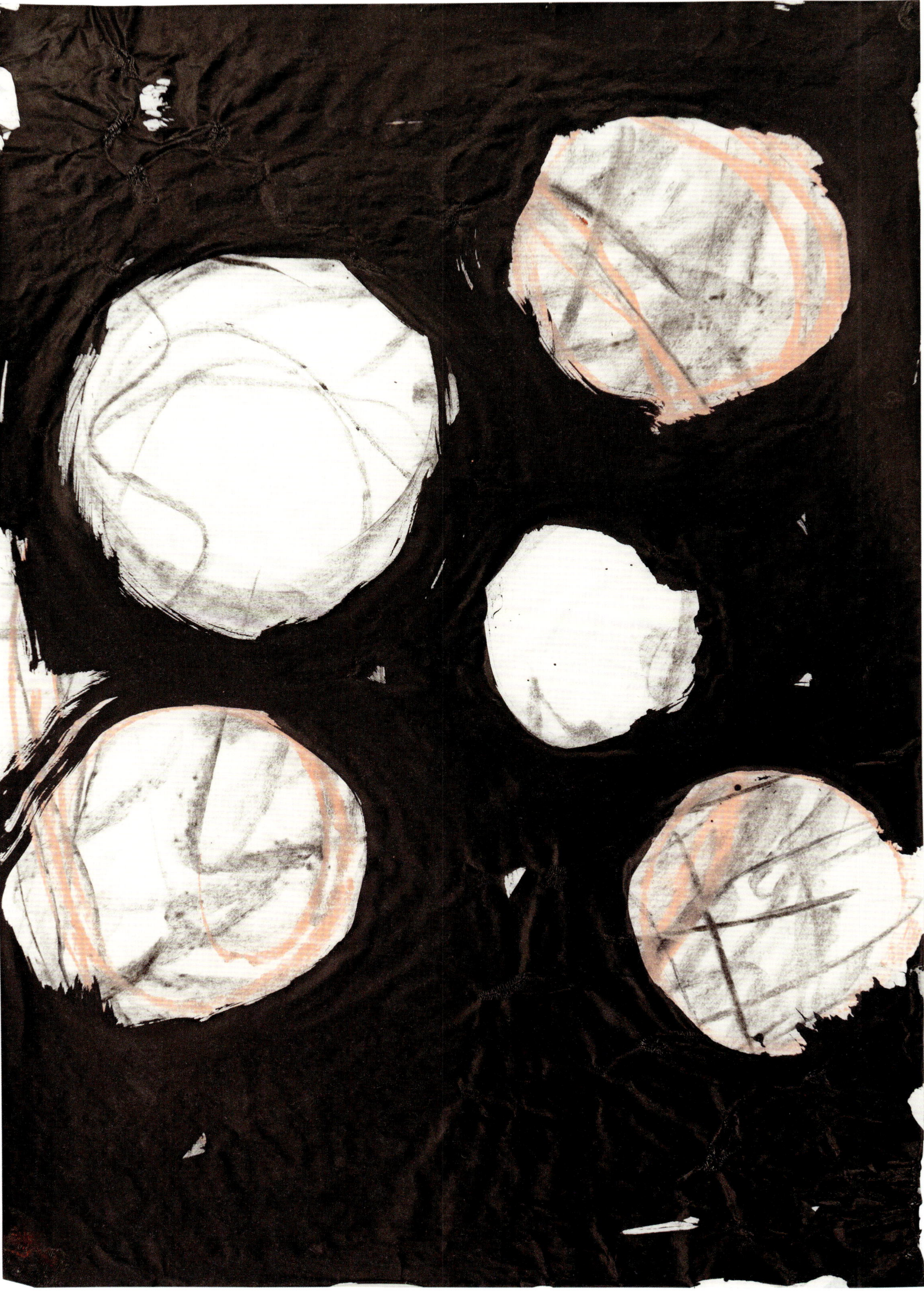

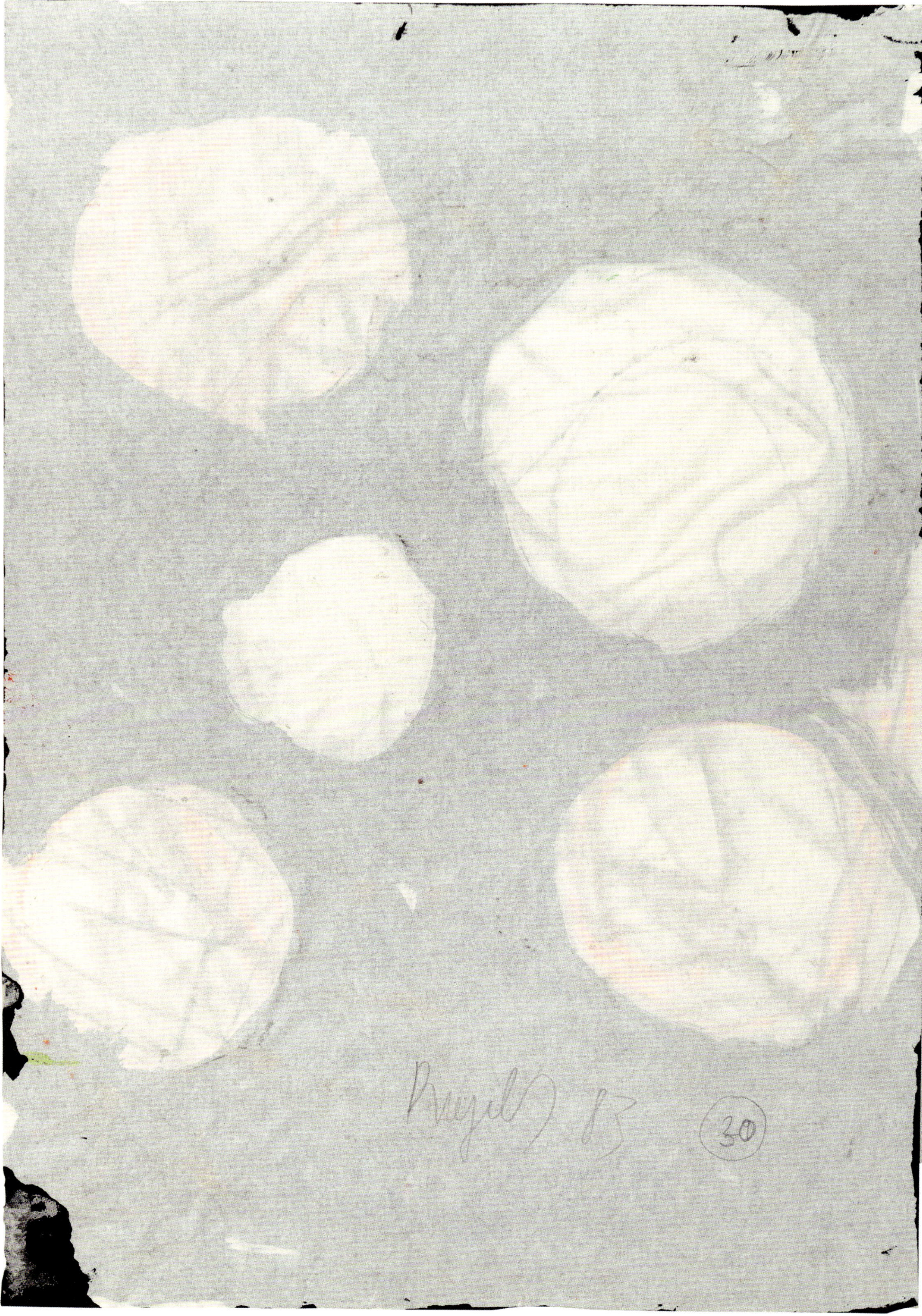
30

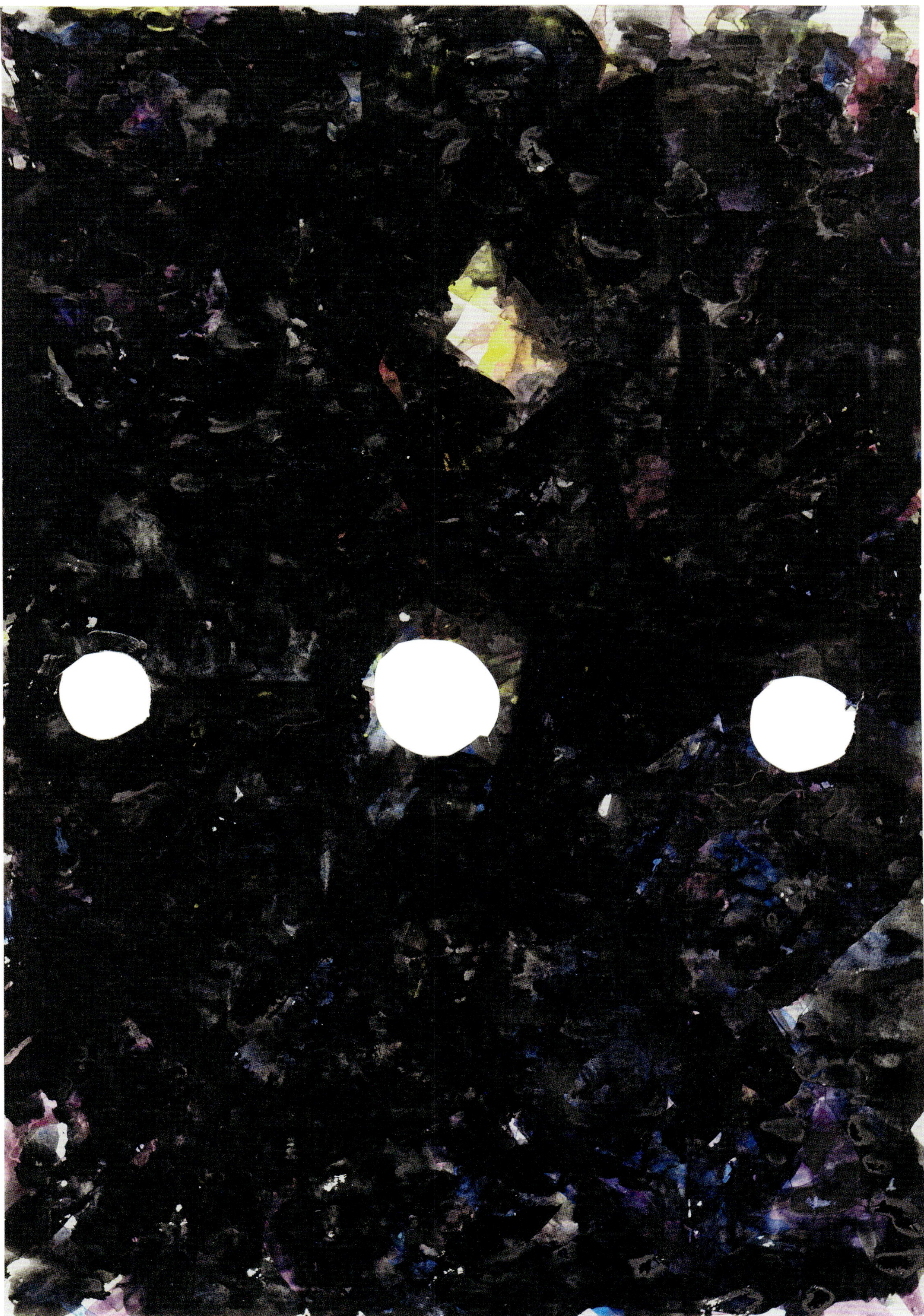

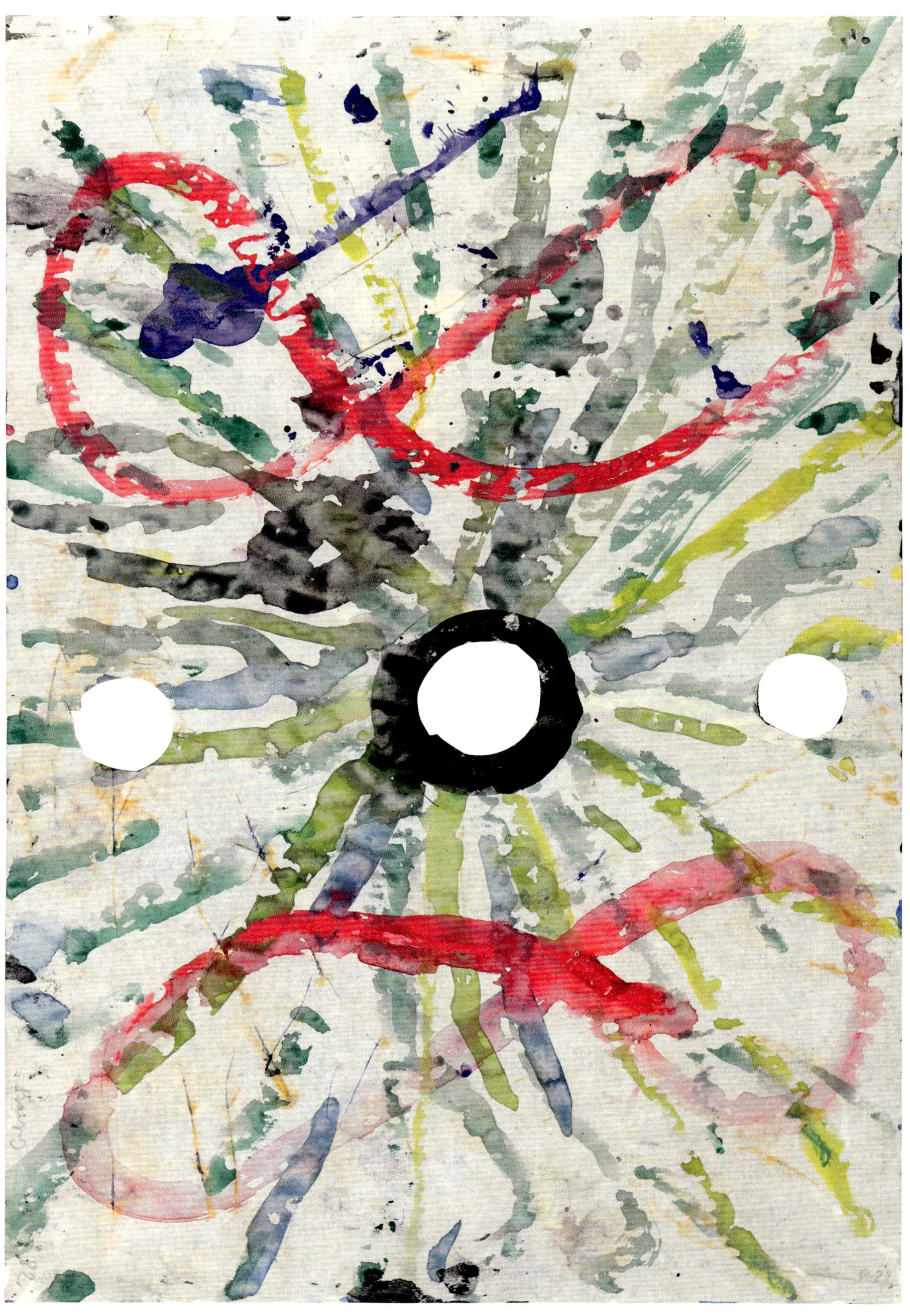

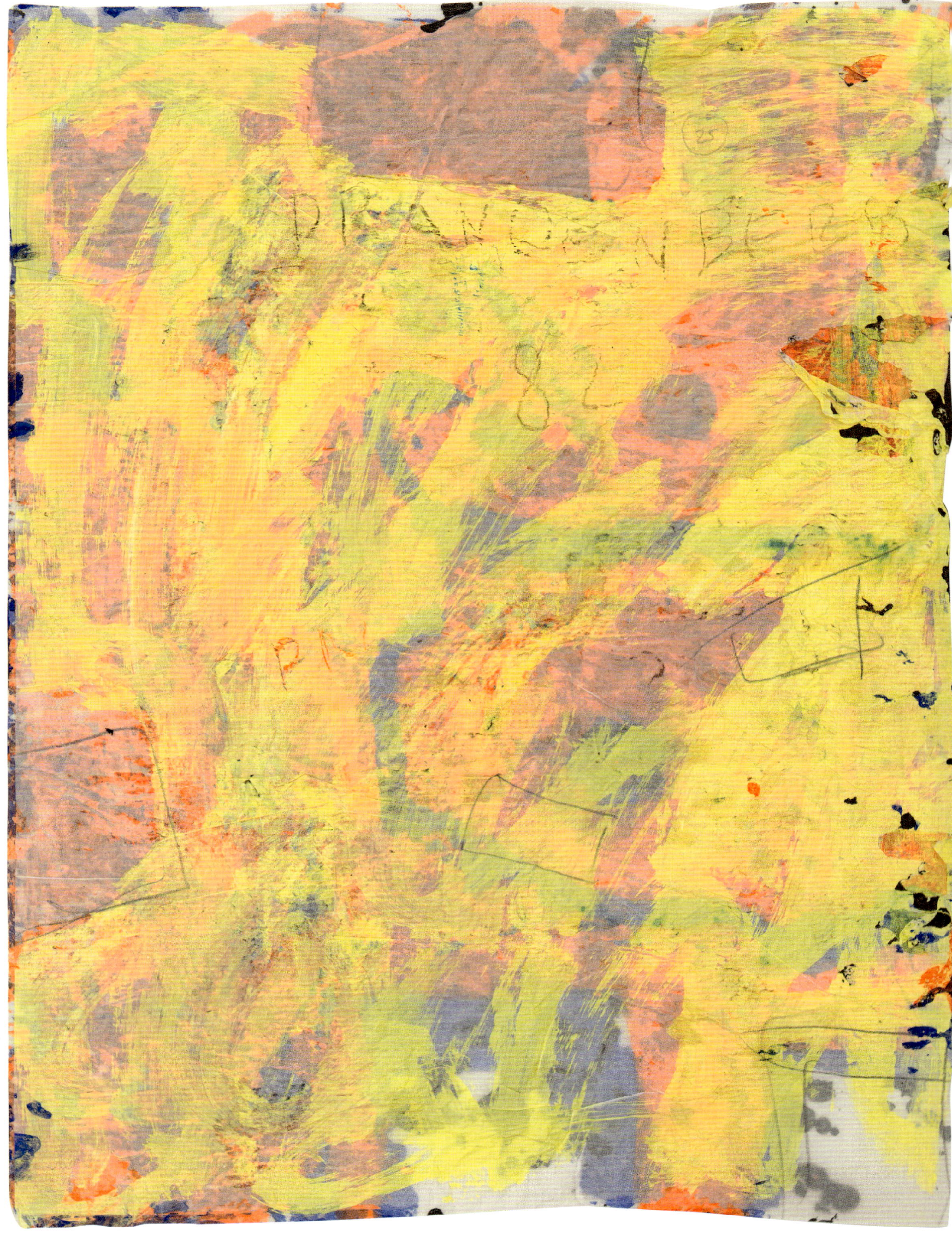

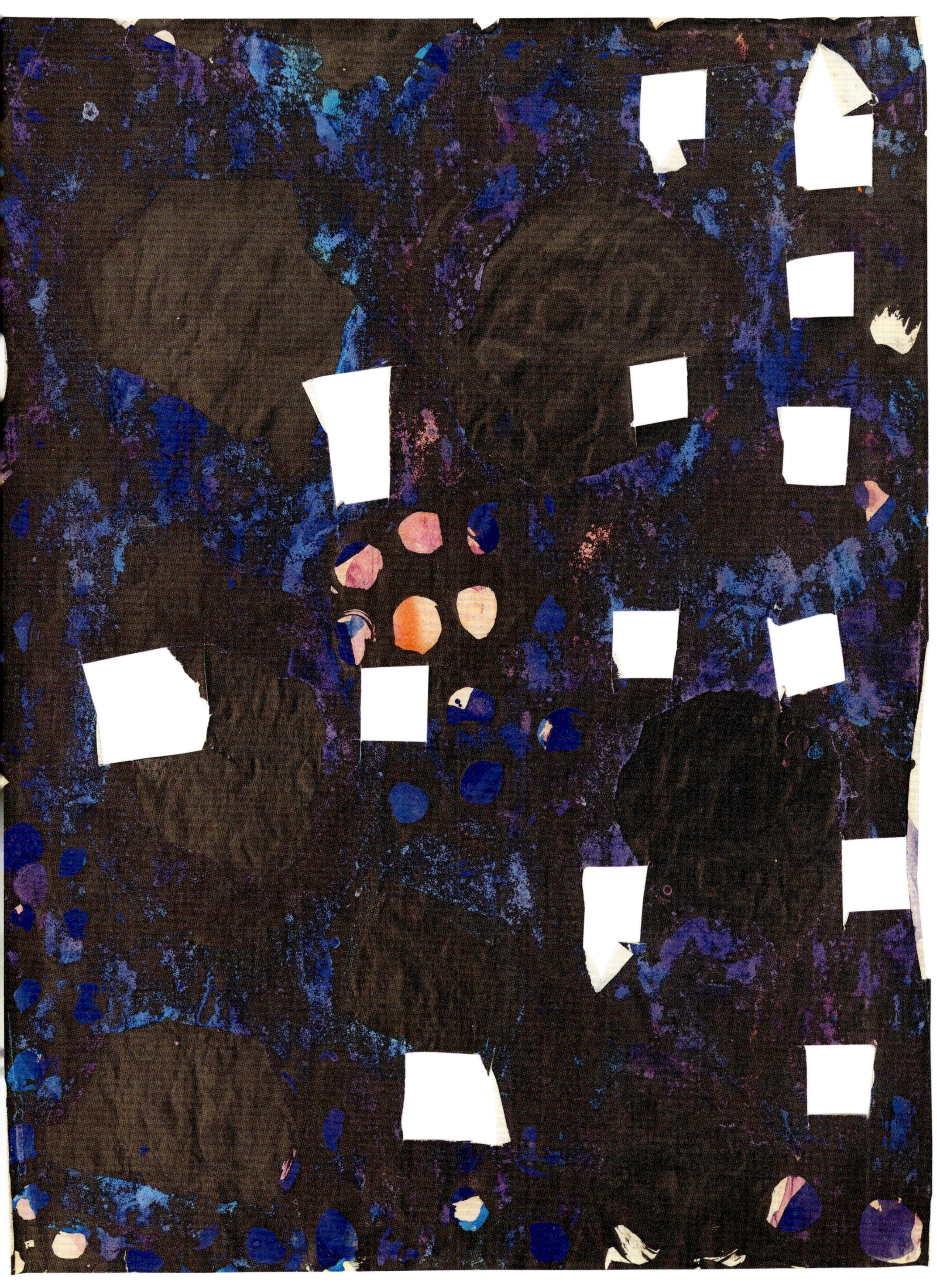

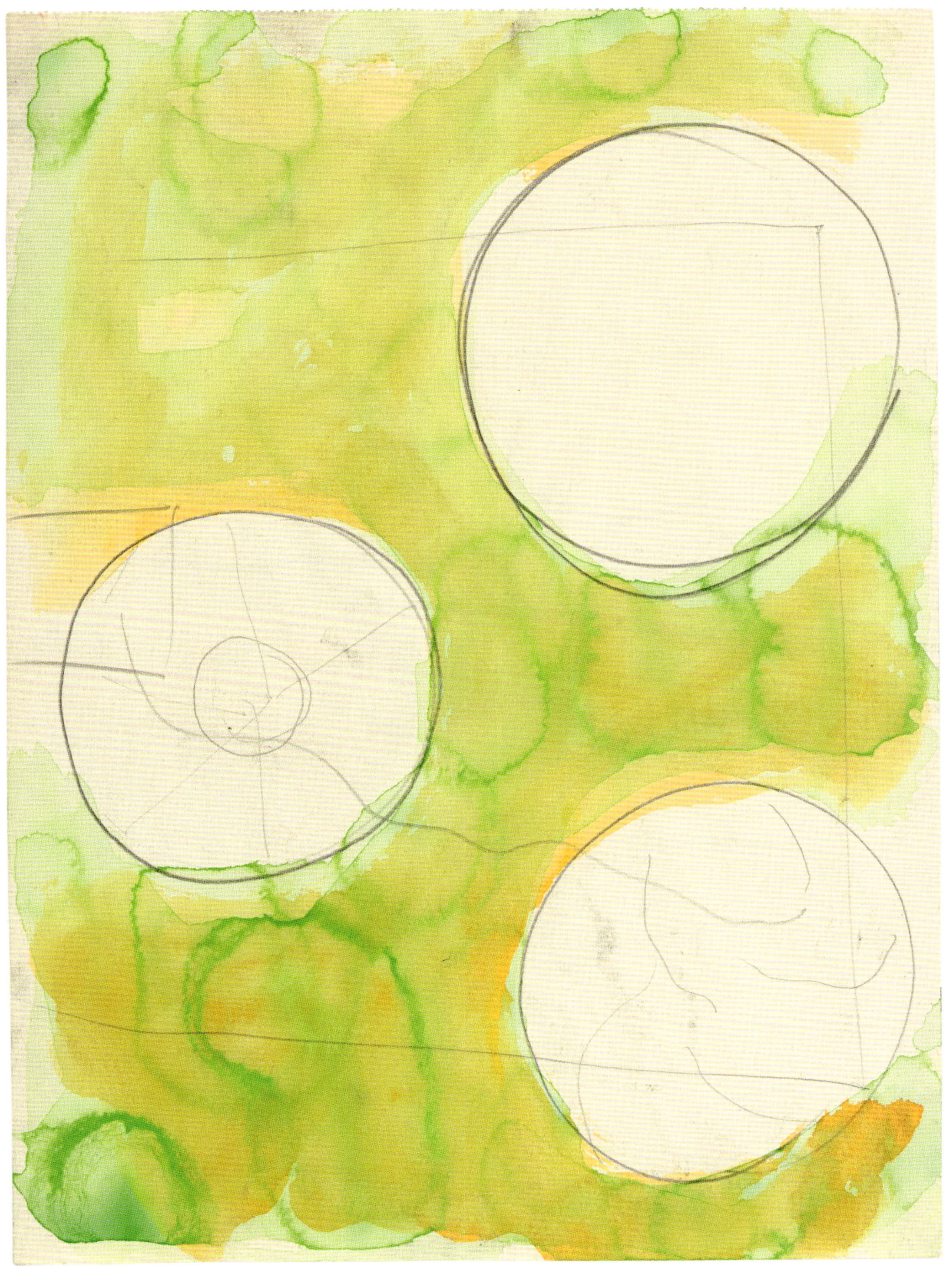

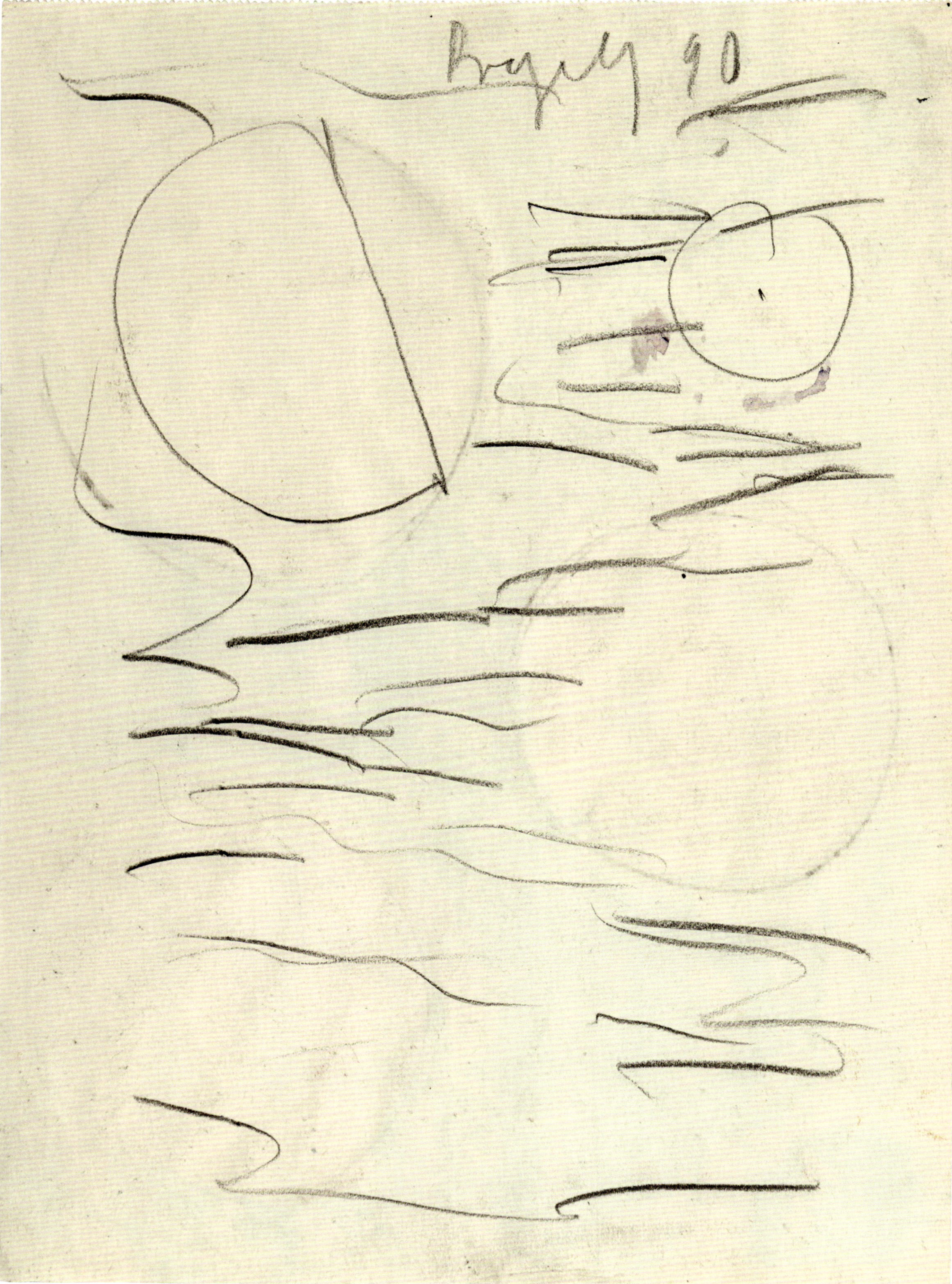

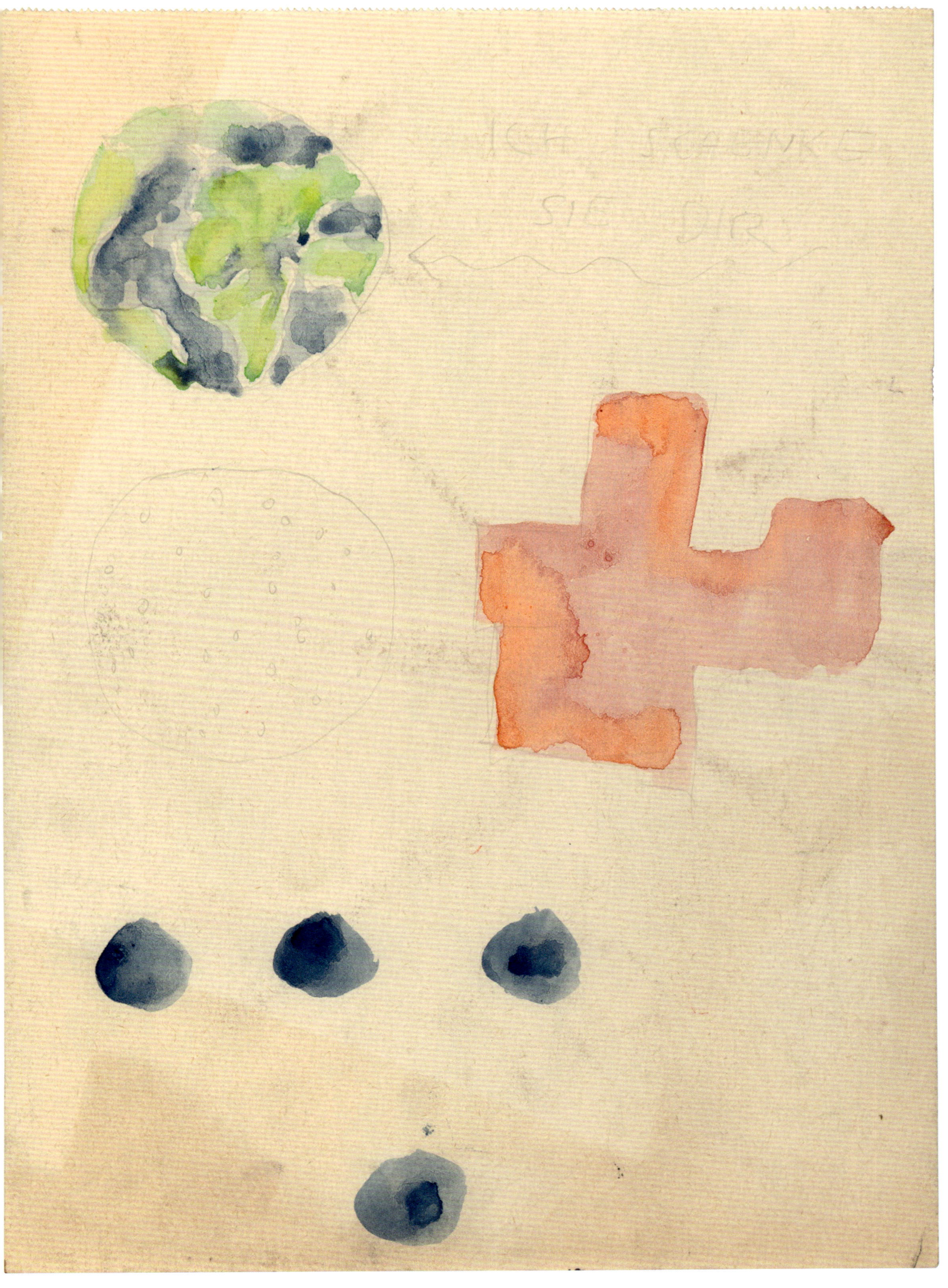
ICH SCHENKE
SIE DIR

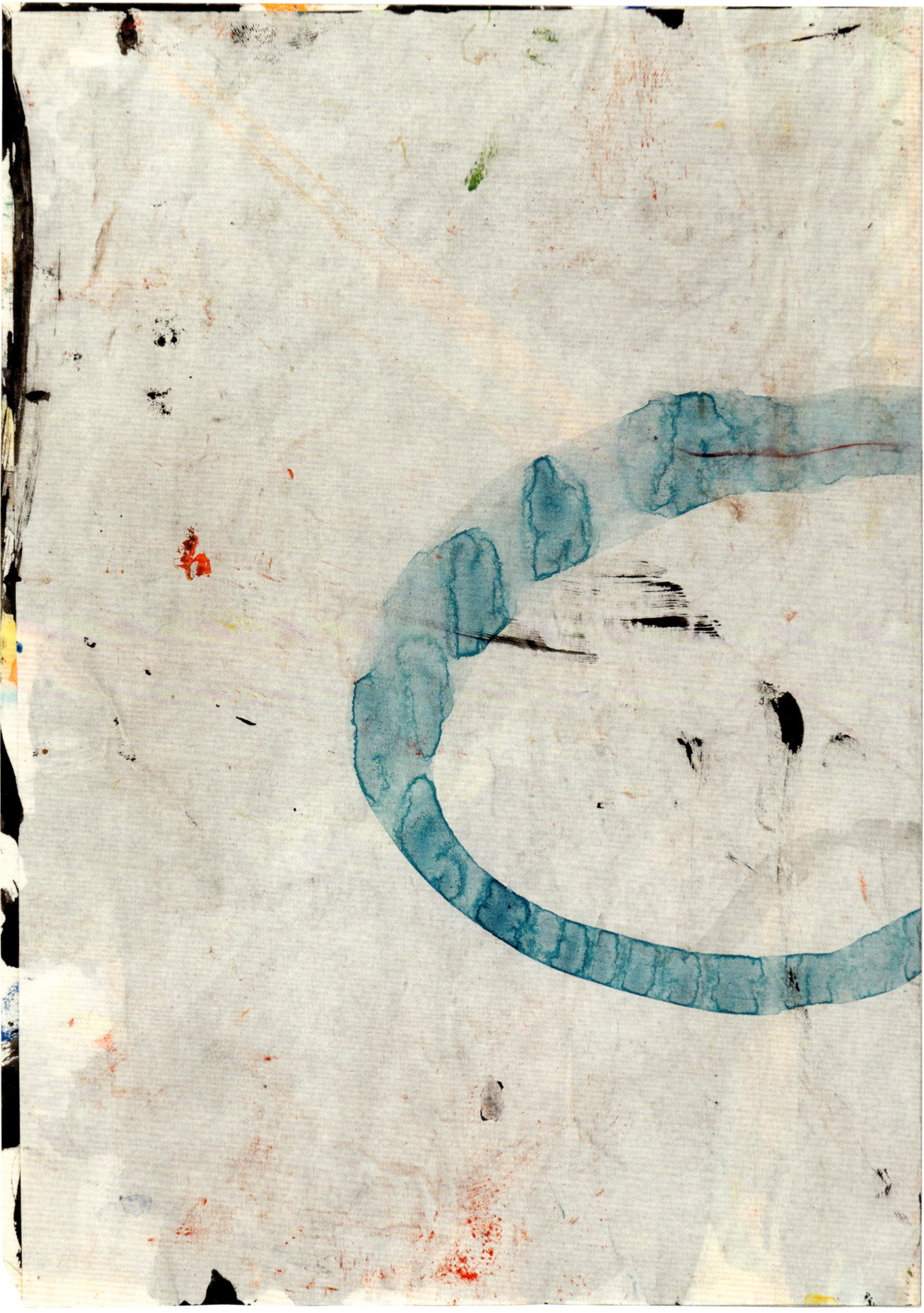

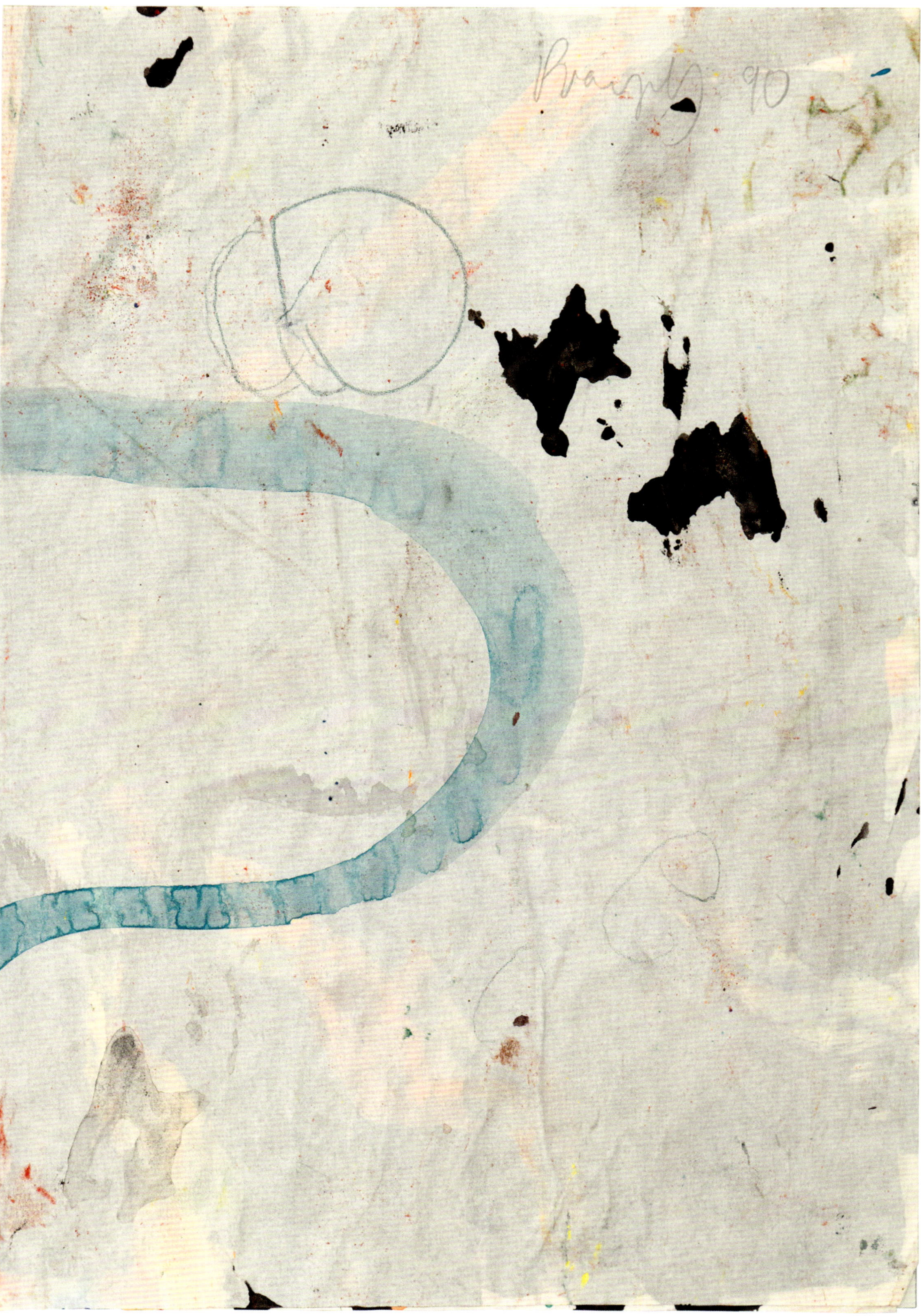

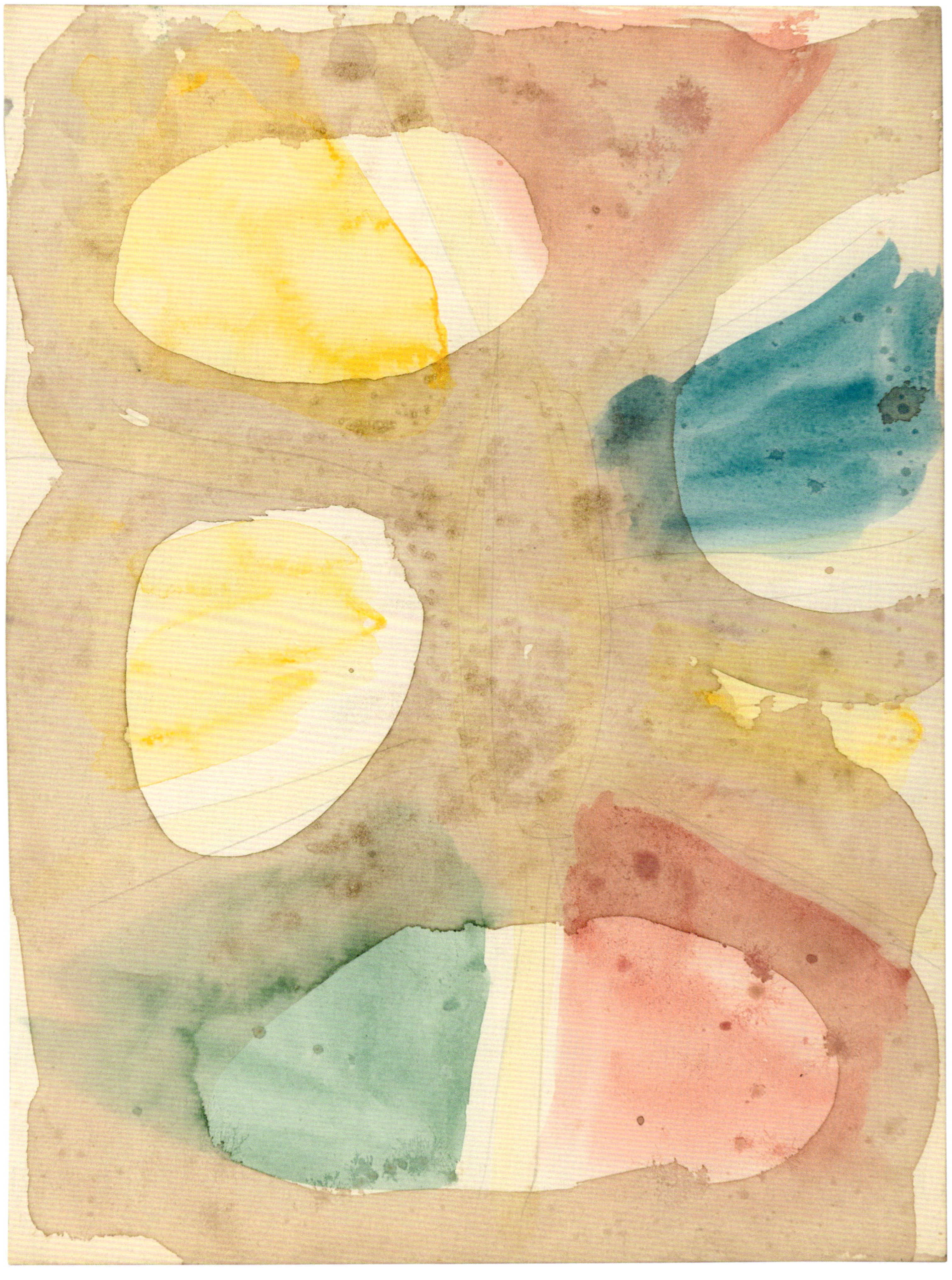

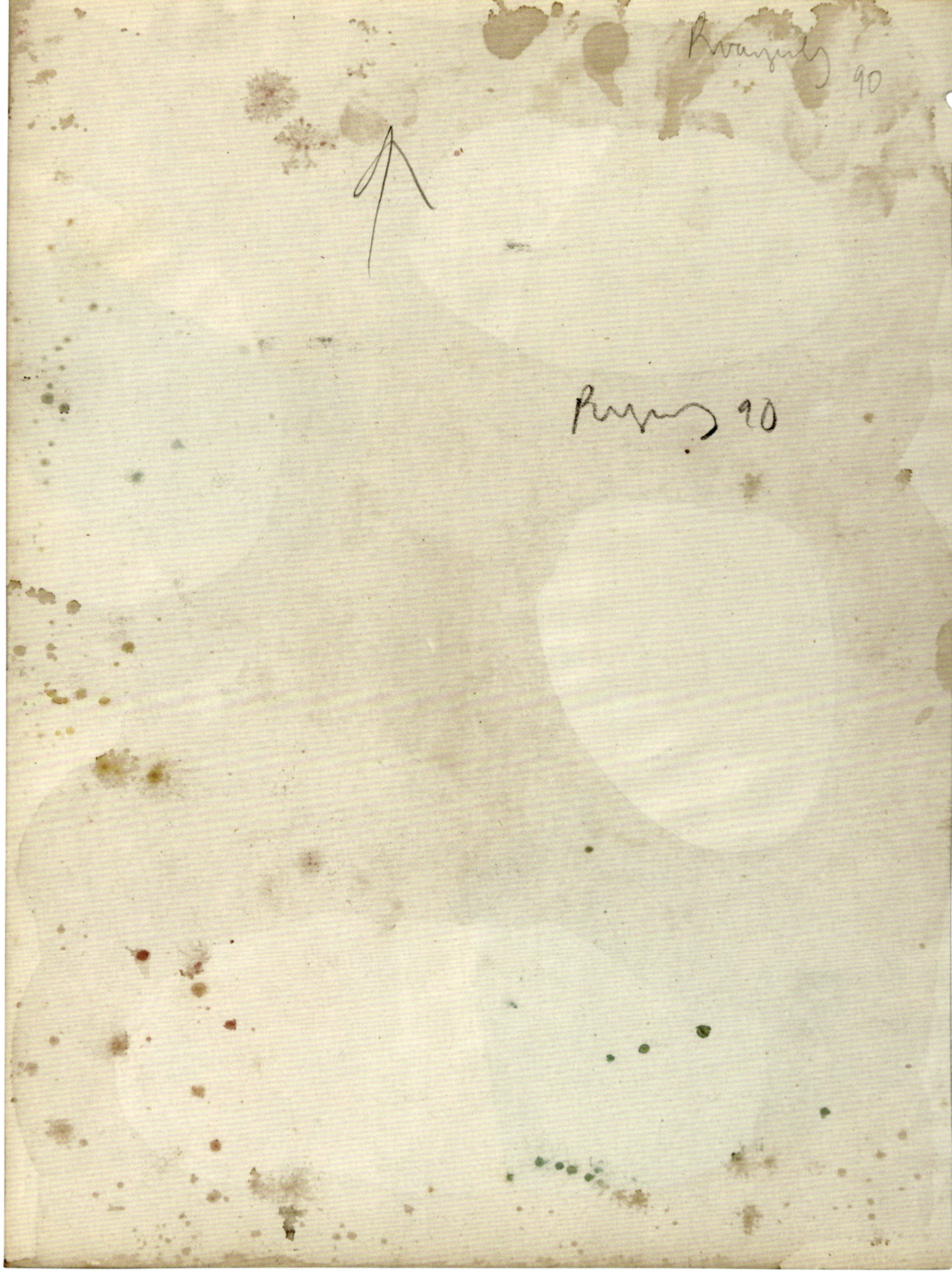

Vita Norbert Prangenberg

*1949, Rommerskirchen-Nettesheim, † 2012 Krefeld, Deutschland

Norbert Prangenberg wurde von 1963–67 als Gold- und Silberschmied ausgebildet, bevor er zur Bildenden Kunst fand. Von 1993 bis 2012 hatte er eine Professur an der Akademie der Bildenden Künste München.
Ab 1981 wurden seine Arbeiten europaweit in zahlreichen Ausstellungen gezeigt. So 1982 auf der documenta 7 und 1984 im Museum Haus Lange in Krefeld. Er hatte unter anderem 19 Einzelausstellungen bei Karsten Greve in Köln und Paris, 9 in der Galerie Barbara Gross in München und 6 in der Produzentengalerie Hamburg. Seine Arbeiten wurden erstmals 1990 im Badischen Kunstverein Karlsruhe retrospektiv gewürdigt, dann 1996/97 im Württembergischen Kunstverein Stuttgart, 2004–2005 im Kaiser Wilhelm Museum Krefeld, 2005 in der Staatlichen Kunsthalle Karlsruhe und 2008 im Kunstmuseum Kloster Unser Lieben Frauen in Magdeburg. Nach seinem Tod zeigte die Pinakothek der Moderne in München 2014–2015 „Einen Raum für Norbert Prangenberg“ und das Kaiser Wilhelm Museum Krefeld richtete einen Prangenbergraum im Rahmen der Ausstellung „Das Abenteuer unserer Sammlung“ 2017 ein. Die Arbeiten von Norbert Prangenberg befinden sich in bedeutenden europäischen Sammlungen und Museen.

Born 1949, Rommerskirchen-Nettesheim, died 2012 Krefeld, Germany

Norbert Prangenberg trained as a goldmith and silversmith from 1963 through to 1967, before discovering art for himself. From 1993 to 2012 he held a professorship at the Academy of Fine Arts in Munich (AdBK). As of 1981, his works went on display in numerous exhibitions across Europe. These included documenta 7 in 1982 and a show at Museum Haus Lange in Krefeld in 1984. He had 19 solo exhibitions with Karsten Greve in Cologne and Paris, nine at Galerie Barbara Gross in Munich, and six at Produzentengalerie in Hamburg.
His works were first honored with a retrospective in 1990 at Badischer Kunstverein Karlsruhe, then in 1996–7 at Württembergischer Kunstverein Stuttgart, followed in 2004–5 by a show at Kaiser Wilhelm Museum Krefeld, one in 2005 at Staatliche Kunsthalle Karlsruhe and then in 2008 at Kunstmuseum Kloster Unser Lieben Frauen in Magdeburg. After his death, Pinakothek der Moderne in Munich presented “Einen Raum für Norbert Prangenberg” in 2014–5 and Kaiser Wilhelm Museum Krefeld installed a Prangenberg room in the context of the exhibition “Das Abenteuer unserer Sammlung” in 2017. Today Norbert Prangenberg’s works are to be found in major European collections and museums.

Institutionen / Institutions

Keramikmuseum Westerwald

Das Keramikmuseum Westerwald wurde 1976 vom Westerwaldkreis gegründet. Der Schwerpunkt des Museums liegt auf der Sammlung und Präsentation historischer und zeitgenössischer Keramik. In wechselnden Sonderausstellungen werden historische Themen und herausragende Künstlerpositionen beleuchtet. Der international renommierte Westerwaldpreis wird alle fünf Jahre europaweit ausgelobt. Seit Februar 2018 wird das Museum von Nele van Wieringen geleitet. /
Ceramics Museum Westerwald was founded in 1976 by the Westerwaldkreis Local Authority. The museum's focus is on collecting and displaying historical and contemporary ceramic works. Changing special exhibitions shed light on historical themes and highlight outstanding artistic positions. The pan-European Westerwald Prize is bestowed once every five years and has a strong international reputation. Since February 2018 Nele van Wieringen has been Director of the Museum.

Keramikmuseum Westerwald
Deutsche Sammlung für Historische und Zeitgenössische Keramik
Lindenstraße 13, D - 56203 Höhr-Grenzhausen
Tel.: +49 - (0) 2624 94 60 10
kontakt@keramikmuseum.de
www.keramikmuseum.de

Kunstraum am Limes

Der Kunstraum am Limes | Zeitgenössische Kunst in Hillscheid im Westerwald ist eine Privatsammlung zeitgenössischer Kunst. Arbeiten international und national anerkannter Künstler werden in einer Dauerausstellung gezeigt, Wechselausstellungen widmen sich thematischen Schwerpunkten. Die Sammlung ist nach Vereinbarung öffentlich zugängig. /
Kunstraum am Limes | Zeitgenössische Kunst in Hillscheid im Westerwald is home to a private collection of contemporary art. Pieces by internationally and nationally recognized artists are presented in the permanent exhibition, while changing exhibitions concentrate on specific themes. The collection is open to the public by prior appointment.

Kunstraum am Limes
Am Limes 2, D - 56204 Hillscheid
Tel.: +49 - (0) 2624 9432169
info@kunstraum-am-limes.de
www.kunstraum-am-limes-de

IKKG, Institut für Künstlerische Keramik und Glas

Das IKKG wurde 1987 gegründet und bietet mit seinen beiden Studiengängen *Freie Kunst Glas* und *Freie Kunst Keramik* ein international ausgerichtetes Studium mit den Abschlüssen Bachelor- und Master of Fine Arts an. Die Klassen werden von den Professoren Jens Gussek und Markus Karstieß geleitet. Das Institut ist mit seinen fachlichen und technischen Möglichkeiten im Bereich Heißglas und Keramik einzigartig. Markus Karstieß hat die Klasse von Norbert Prangenberg an der Akademie der Bildenden Künste München von 2014–2017 geleitet, bevor er 2017 ans IKKG kam. /
The IKKG was founded in 1987 and with its two degree courses in *Fine Arts - Glass and Fine Arts - Ceramics* offers a curriculum with an international thrust culminating in a B.A. or an M.A. in Fine Arts. The two professors leading the classes are Jens Gussek and Markus Karstieß. The institute is quite unique in terms of the specialist and technical opportunities offered in the fields of hot glass and ceramics. Markus Karstieß taught the class originally founded by Norbert Prangenberg at Akademie der Bildenden Künste München from 2014-7 before joining IKKG in 2017.

Institut für Künstlerische Keramik und Glas
Hochschule Koblenz
Rheinstraße 80, D - 56203 Höhr-Grenzhausen
Tel.: +49 - (0) 2624 9 10 66-0
ikkg@hs-koblenz.de
www.ikkg.art
www.hs-koblenz.de/kunst

Impressum / Imprint

Diese Publikation erscheint anlässlich der Ausstellungen / This catalogue is published on the occasion of the exhibitions

Norbert Prangenberg
Kunstraum am Limes
01.02.2019 – 05.05.2019
Ausgewählt von / Selected by
Markus Heinzelmann und / and Markus Karstieß

Norbert Prangenberg
Keramikmuseum Westerwald
27.10.2018 – 10.3.2019
Ausgewählt von / Selected by
Nele van Wieringen und / and Ludwig Rinn

Herausgegeben von / Edited by
Axel Ciesielski, Markus Heinzelmann
Markus Karstieß, Nele van Wieringen

Texte / Texts
Markus Heinzelmann
Markus Karstieß
Nele van Wieringen

Übersetzung / Translation
Jeremy Gaines

Lektorat / Copy Editing
Stefan Matzig

Gestaltung / Design
Adeline Morlon art direction, Düsseldorf

Lithografie / Image Editing
bildarbeit, Henning Krause, Köln / Cologne

Produktion / Production Management
DISTANZ Verlag

Gesamtherstellung / Printing and Binding
optimal media GmbH, Röbel / Müritz

Fotonachweis / Photo Credits
Ann Christine Freuwörth:
S. / pp. 75–108, Umschlag / Cover
Markus Karstieß:
S. / pp. 4–6, 8–9, 14, 16–18, 19–21, 23–25, 29, 42–43, 112, Beilage / Insert, S. / pp. 6–7
Henning Krause, Köln:
S. / pp. 12–13, 15, 22, 26–28, 30–41, 44–45, 54–65

Vertrieb / Distribution
edel Germany GmbH
www.edel.com
international-books@edel.com

ISBN 978-3-95476-290-3
Printed in Germany

Erschienen im / Published by
DISTANZ Verlag
www.distanz.de

Die Deutsche Nationalbibliothek verzeichnet diese Publikation in der Deutschen Nationalbibliografie; detaillierte bibliografische Daten sind im Internet über http://dnb.d-nb.de abrufbar.
Deutsche Nationalbibliothek lists this publication in the Deutsche Nationalbibliografie index; detailed bibliographic data is available in the Internet at http://dnb.d-nb.de.

Dank / Acknowledgements
Axel Ciesielski, Ludwig Rinn, Galerie Christian Lethert, Köln, Ann Christine Freuwörth, Estate Norbert Prangenberg, Freundeskreis IKKG, Jens Gussek

Erstellt mit Unterstützung von / Compiled with support of:
Axel Ciesielski,
Estate Norbert Prangenberg,
Ludwig Rinn und / and
Keramikmuseum Westerwald

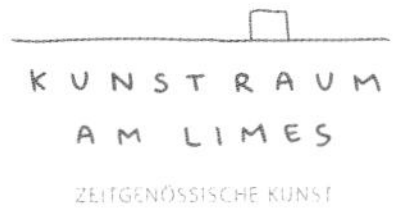

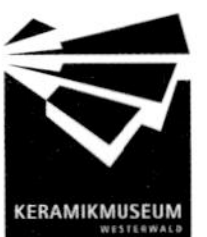

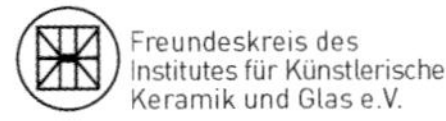

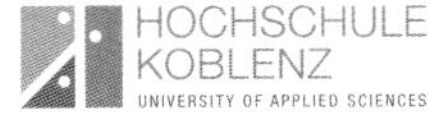

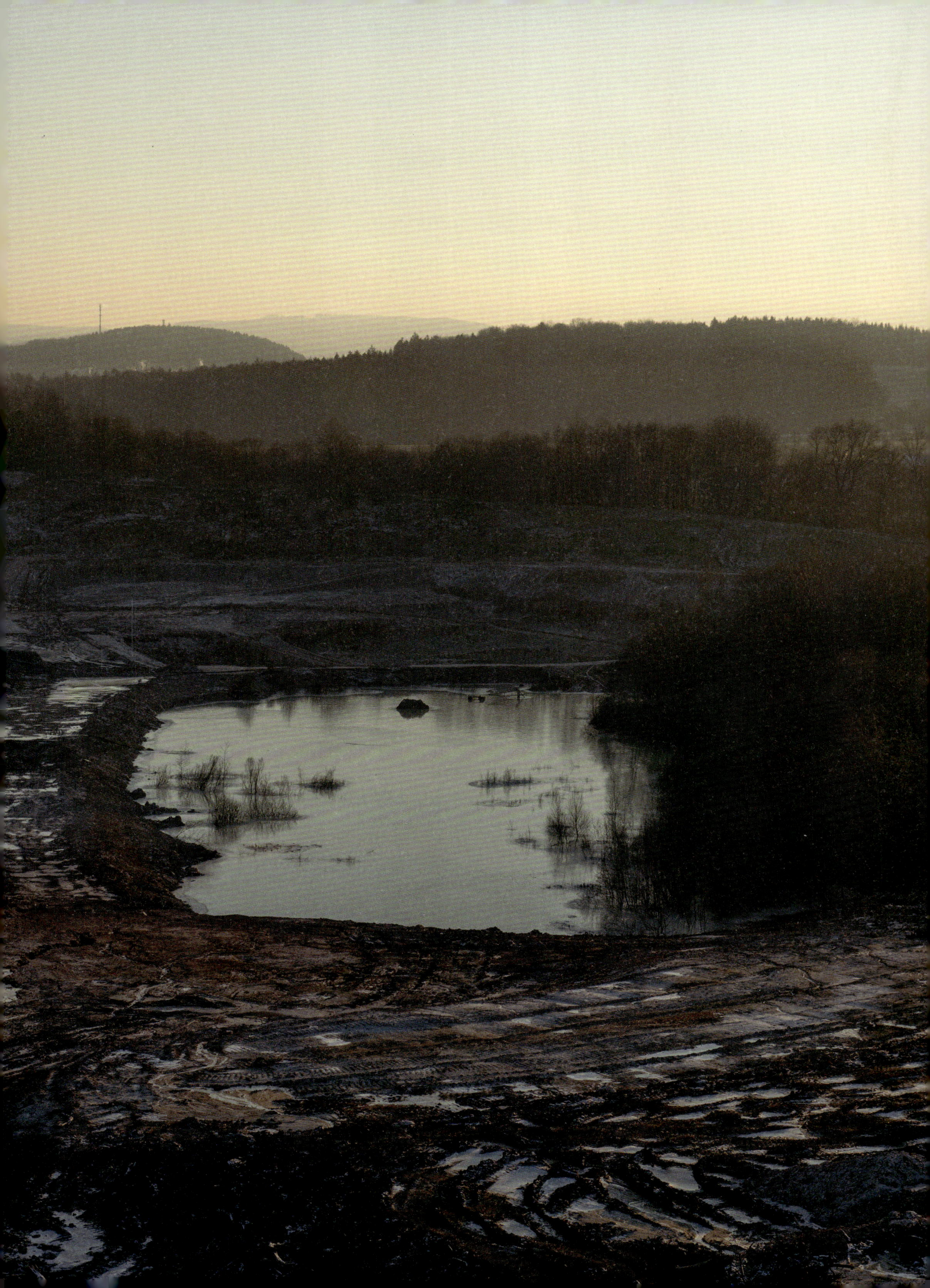